モノの原価がまるごとわかる本

ライフ・リサーチ・プロジェクト[編]

JN187400

青春出版社

はじめに――「原価」のしくみを知れば、経済のカラクリがわかる！

外食をしたり買い物をする時、私たちはメニューの金額や商品についている値札を見て得か損かを判断してしまうことが多い。

だが、安くていい買い物をしたと喜んでいたのにすぐに使い物にならなくなったり、逆に何となく買ってしまった高額商品が、長年使い続ける愛用品になることもある。モノの値段設定には、やはりそれなりの〝理由〟があるのだ。

その値段を決める大きな要因の一つに〝原価〟がある。原価は、モノやサービスを提供するために、最低限必要になる経費ともいえる。

だが、その額はいつも一定ではなく、企業の販売戦略はもちろん、さまざまな社会的事情によって安くなったり高くなったりする。つまり、原価の仕組みや値段の動きを見れば、経済のカラクリがひと目でわかるのだ。

そんな原価と価格の仕組みを知ってもらい、買い物に、ビジネスに役立てていただければ幸いである。

２０１５年２月

ライフ・リサーチ・プロジェクト

「モノの原価」がまるごとわかる本●目次

第1章　「身近な商品」の不思議な原価の話

目次

第3章　原価でわかる日本の「今」と「これから」

第4章　経済の「ウラの仕組み」が見える原価の秘密

カバーイラスト◎栗生ゑゐこ
本文図版作成・DTP◎ハッシィ
本文写真提供◎shutterstock
katerinarspb/shutterstock.com
制作◎新井イッセー事務所

※図表の中には端数処理の関係により100%にならないものもあります。

第1章

「身近な商品」の不思議な原価の話

立ち食いそば

立地のいい駅ナカなのに、なぜかけそば1杯250円?

◆かけそばだけでは利益なし

駅の改札の中に店を構える、いわゆる〝駅ナカ〟でにぎわうターミナル駅が増えているが、その駅ナカに出している店の元祖といえばやはり立ち食いそばである。

立ち食いそばの魅力は、何といっても注文したらすぐに出てくる早さと、その手頃な値段にある。かけそばなら250円前後、わかめなどの具やかき揚げなどを入れても300円ちょっとという安さである。

この立ち食いスタイルのそば屋の**原価は麺が30円、ダシ20円、それにネギを乗せて計60円弱**といわれている。そこに光熱費や人件費を加えると、かけそばの値段の250円とほぼ同じになる。つまり、もっともシンプルなかけそばがどんなに売れても店にはほとんど利益は出ないのだ。

◆サイドメニューやトッピングが儲けのカギ

では、どのようにして儲けを出すのか。それは、そばの上に乗せる天ぷらや卵、おにぎりなどの売り上げにかかっている。

こうしたトッピングやサイドメニューは、原価率を低く抑えられるうえにそこそこの値段設定でも売れるからだ。

おにぎりの場合は、米が半合あればおにぎりがひとつできる。よほどの高級米でも使わない限り、1個の原価は20円程度だ。それを**150円で売ればかなりいい儲けになる**のである。

また、かき揚げなどの天ぷらは、ごぼうや玉ねぎ、にんじんなど、野菜が中心なので原価を抑えられるうえに、店内で揚げたてのアツアツを提供すればお客にも評判がいい。

メインのそばが安くてシンプルなのだから、天ぷらぐらいつけてみようかという気分にさせるのが手なのである。

このような地道な努力を重ねながら、立ち食いそば屋の営業は続いているのだ。

メガネ・コンタクトレンズ

超軽量、使い捨て…外から見えない儲けのカラクリ

◆メガネの安さはフレームで決まる

ひと昔前まではフレームとレンズのセットで数万円はしていたメガネが、「Ｚｏｆｆ」や「ＪＩＮＳ」といったいわゆる３プライスショップのメガネチェーンの参入で、今では５０００円以下でも買えるようになった。

しかも、低価格であるうえに常に最新のデザインを取り入れているので、人によってはいくつも買い揃えたい気持ちになる。こうした低価格がウリのメガネチェーンはそんな消費者の心を上手にくすぐって順調に売り上げを伸ばしているのだ。

ではなぜ、３プライスショップがここまで安い価格を設定できるのか。それは**デザインから設計、生産、販売までを一括管理する「ＳＰＡ方式」を採用している**からだ。

デザインや設計は日本人の骨格に合わせて国内にある自社で行われている。フレームの

●メガネフレームの主な輸入国とシェア（2013年）

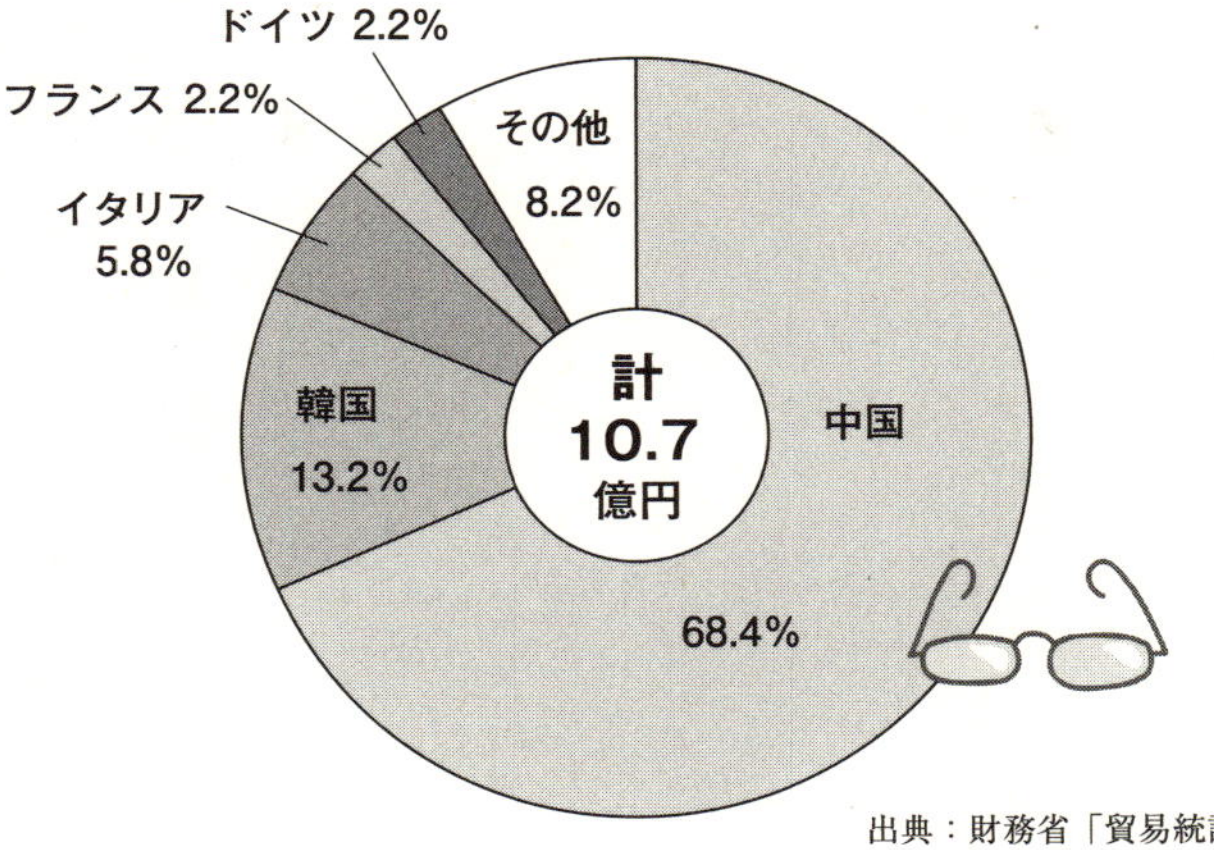

出典：財務省「貿易統計」

●コンタクトレンズの市場規模の推移

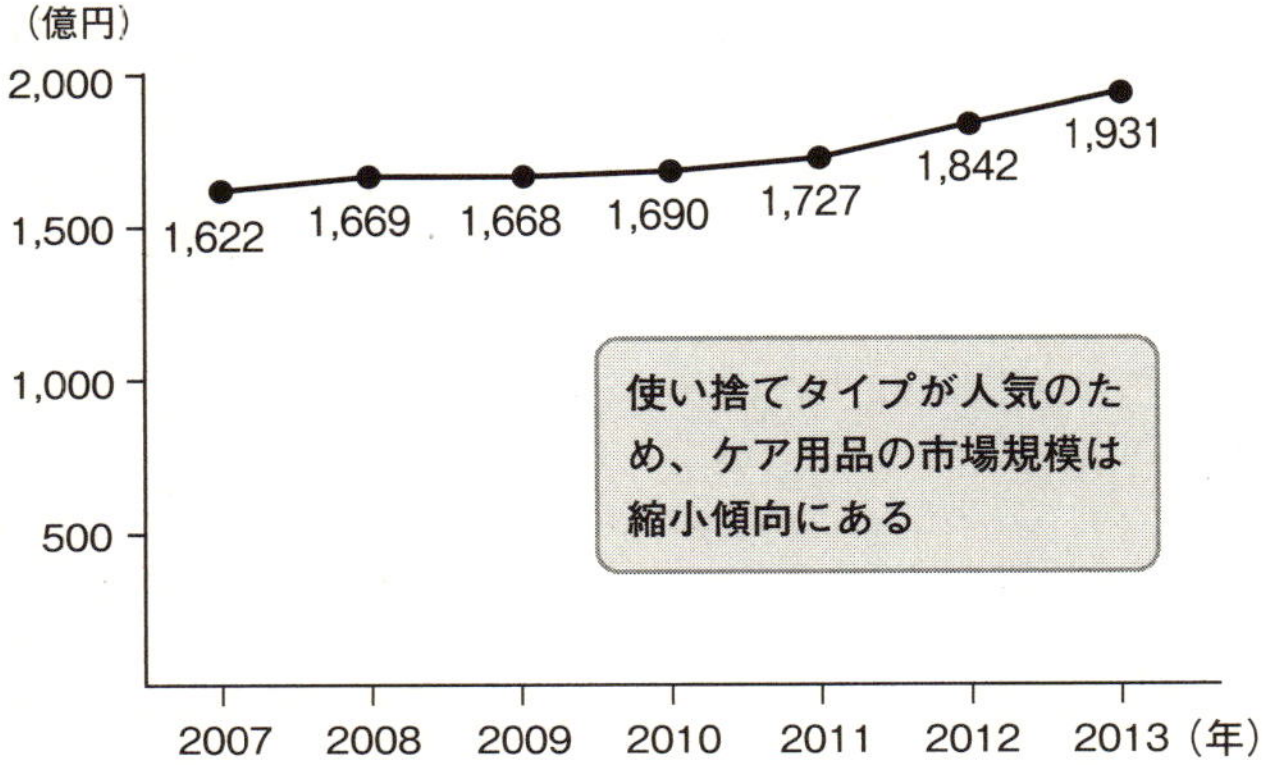

出典：一般社団法人 日本コンタクトレンズ協会
「コンタクトレンズ・ケア用品の市場規模」

素材にはプラスチック樹脂が使われることが多い。

なかでも人気なのが「TR-90」という素材で、これは原価が安いだけでなく、軽いうえに曲げても壊れにくいのが特徴だ。このTR-90の採用によって「超軽量メガネ」というカテゴリーが生まれたのだ。

レンズにも加工する時に割れにくいプラスチック製を使っているが、実はプラスチックレンズはガラス製のものに比べてコストが高い。

だが、チェーン展開する小売業ならではのスケールメリットを生かし、大量調達することで仕入れ価格を抑えているのだ。

そして肝心の生産だが、これは人件費の安い中国で行い大幅なコストダウンを実現している。それを全国で展開している国内の店舗で販売しているのだ。

その結果、メガネの売上原価は2~3割に抑えられているのである。

◆コンタクトレンズの製造原価は1組10円程度

一方、日本のコンタクトレンズ装着人口は年々増えており、その数は今や1500万人とも１８００万人ともいわれている。

コンタクトレンズは、以前は一度購入したらケアをしながら何年も使い続けるものだったが、１９９１年に使い捨てレンズが登場して以来、今では１日で使い捨てるワンデータイプがシェアを伸ばしている。

そのワンデータイプのコンタクトレンズの価格は１箱30枚入りで２５００円前後なので、両眼だと1カ月分で５０００円ほどになる。

だが、その製造原価そのものは**左右１組でも約10円、１カ月分でも３００円程度**でしかないといわれる。

コンタクトレンズの素材は特殊なプラスチックなのだが、そこには酸素の透過性を高めたり、レンズを清潔に保つためのさまざまな技術が加えられている。このような〝医療機器〟としての研究開発費が価格に上乗せされているのである。

ちなみに、コンタクトレンズを使うためには医師の処方箋が必要になる。眼科で視力や角膜のカーブの状態などを測定してもらい、１人ひとりの眼に合ったコンタクトレンズを装着しなくては視力矯正の意味がないからだ。

ラーメン

「原価が安いから儲かる」の噂は本当なのか

◆材料費220円は高いか安いか

ラーメン店の原価率は、他の外食店と同じ30パーセント前後といわれる。材料といえば、麺、スープの鶏ガラや豚骨、チャーシューの豚肉、野菜、そして調味料などである。

これを1杯分の金額に換算すると、**スープにかかる材料費は約69円、麺が約65円、トッピングの具が約86円で合計220円程度になる。これで販売価格700円のラーメンが完成する**のだ。

ところで、この数字だけを見るとラーメン屋は儲かると思われがちだ。たしかに1杯につき480円が儲けだとしたら、1日に100杯出れば4万8000円の利益になる。

ただし、そこから人件費や光熱費、家賃などの諸経費が出ていく。特に豚骨スープはだしを取るのに時間がかかるため、かなりの光熱費を覚悟しなければならないという。

●ラーメンの全国平均価格の推移

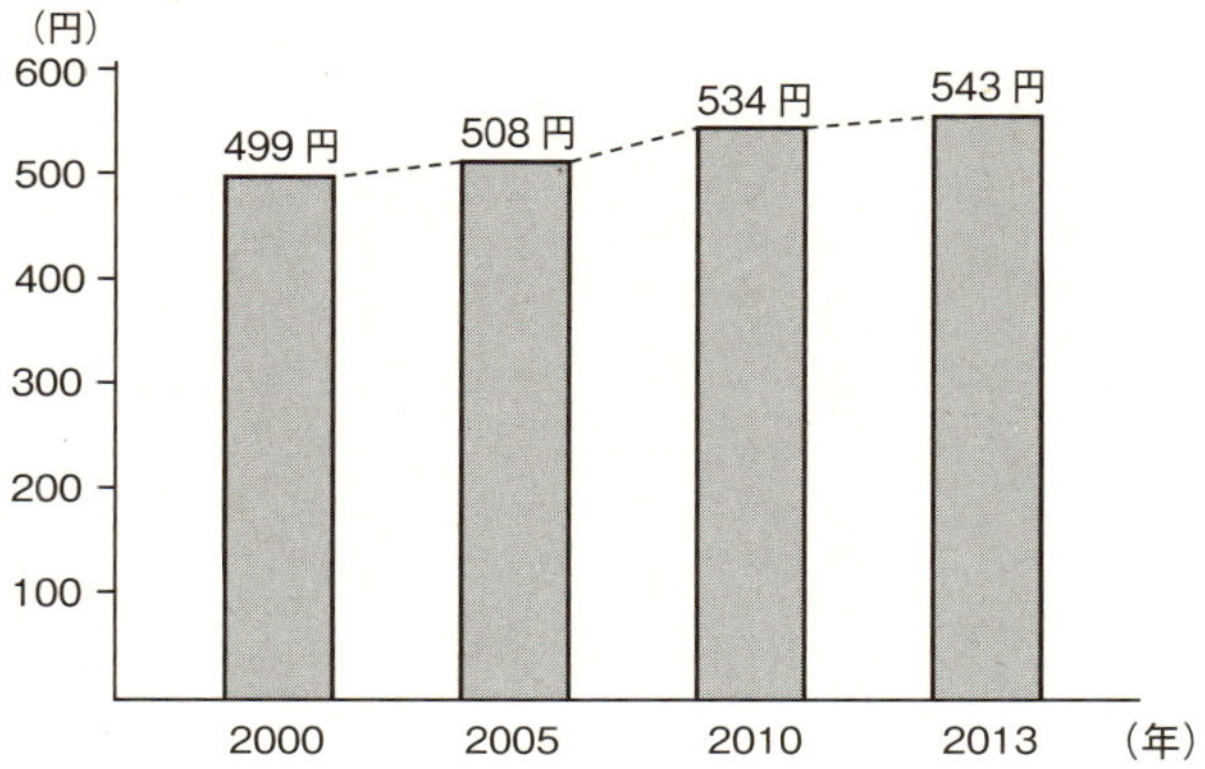

出典：総務省統計局「小売物価統計調査（動向編）」

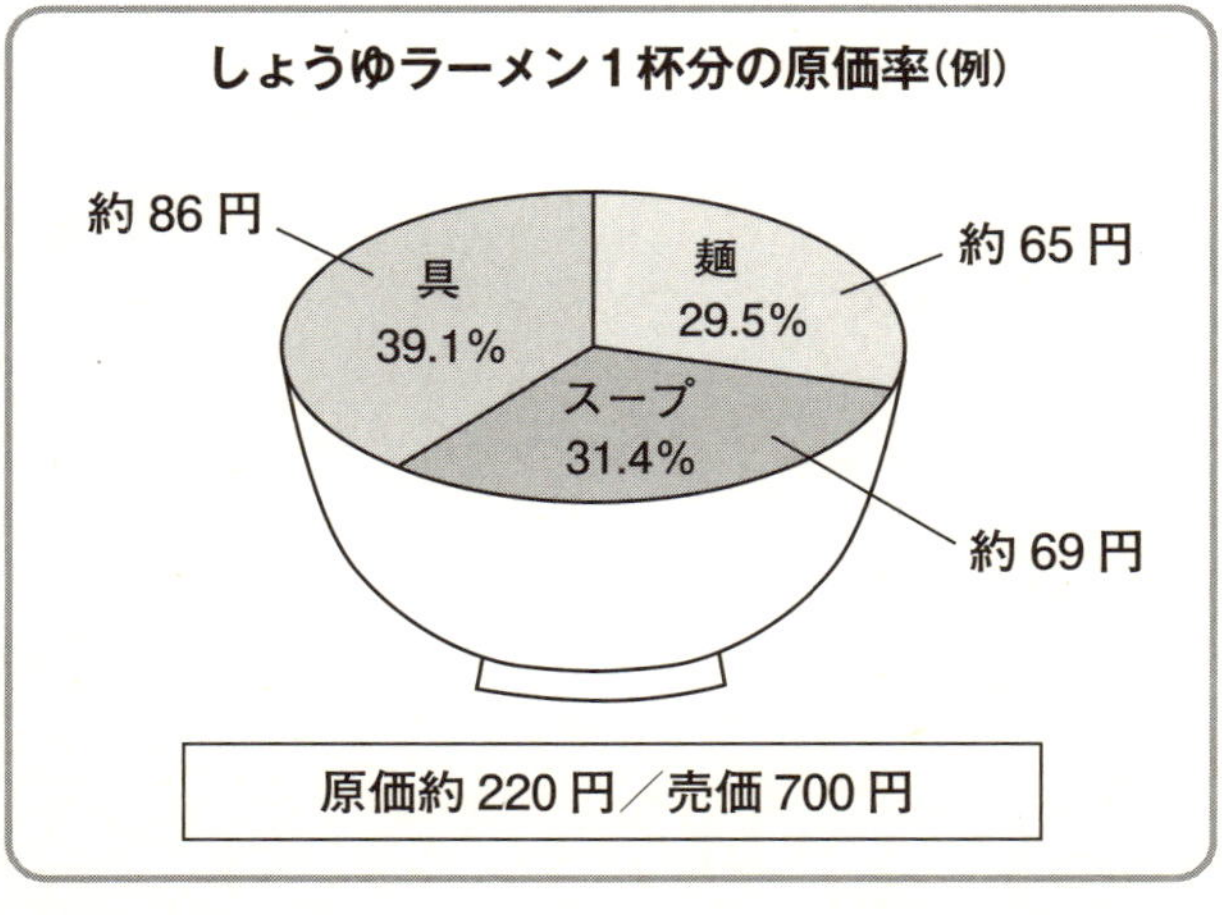

◆1杯290円のラーメンはこうして儲ける

東京都内などでは1杯の値段が800円、900円というラーメン店も珍しくない一方で、全国に展開するチェーン店では290円という激安ラーメンを提供している店もある。

ごく普通のラーメンの原価が約220円だとすると、290円では儲けが出ないはずだが、この値段を維持できるのにはチェーン店ならではのメリットがあるのだ。

それは大量仕入れで原価を抑えるという方法だ。1店舗分の材料を仕入れるよりも、**100店舗分の材料を一括購入すれば6掛け、7掛けになる。その分、1杯分の仕入れ値は安く抑えられる**のだ。

しかし、それでも人件費や光熱費を考えると290円ではモトが取れない。290円のラーメンは、そもそもお客を呼び込むための客寄せ商品であって、儲けは度外視されているのだ。

その代わり、他のメニューで利益を得ている。たとえば、ラーメンとセットで餃子や炒飯、デザートなどを販売することで利益を確保しているのである。

食べ放題バイキング
いくら食べてもモトはとれないウラ事情

◆原価でモトを取るのはムリ

食べ放題バイキングの定番といえば、和食や中華、焼肉、しゃぶしゃぶ、お好み焼き、ケーキなどのデザートだが、最近ではそれだけにとどまらず刺身やブラジル料理のシュラスコ、韓国料理などの食べ放題も登場している。

食べ放題はどれだけ食べても値段は変わらないのだから、財布の中身を気にせず食べたいだけ食べられる。だが、実際に食べてみると、当然ながら自分の腹にも限界がある。果たしてモトは取れているのかとソロバンをはじいてみたこともあるだろう。

たとえば、90分食べ放題で１８９０円の豚しゃぶバイキングがあったとしよう。この場合、**豚肉の原価は１００グラム80円として、３００グラムで２４０円になる。これに野菜を加えたとしても、原価は５００円程度**だ。原価だけで考えると、よほどの大食漢でなければモトを取るなどというのはムリな話なのである。

◆バイキングは店にとってもオイシイ

食べ放題バイキングはランチタイムでの営業が圧倒的に多い。夜はコース料理を出しているような高級イタリアンやフレンチ、寿司店などでも昼間は食べ放題をウリにしていることがある。

これは、食べ放題のバイキングスタイルで料理を提供するとコストの削減になるからだ。高級店なら料理をサーブするホール係にもそれなりの知識やスキルが必要なので、ある程度の人件費がかかるのはしかたがない。

だが、バイキングならホール係はアルバイトで十分だ。また、あらかじめその日に提供するメニューを決めることができるので**食材の廃棄ロスが少ないというメリット**もあるのだ。

しかも、高級店の安くておいしいランチは話題性があり、ディナータイムの集客にもつながる。お客にとっても店側にとってもメリットがあるシステムなのである。

回転寿司
原価を落とすと客足が遠ざかる値段設定のナゾ

◆どの店もギリギリの値段設定!?

日本の外食支出額は不況の影響でしばらく前年割れが続いていたが、２０１３年から徐々に回復しつつある。

そんななか、外食店で元気なのが回転寿司だ。特に１００円均一など低価格の回転寿司チェーンが売り上げを伸ばしており、その市場規模は今や国内だけで４０００～５０００億円ともいわれている。

回転寿司の平均の原価率は、**魚介類などの寿司ネタとシャリの米で45パーセントほど**と、他の外食店に比べて１～２割高い。なぜ、回転寿司の原価率は高いのかというのと、ひとつには激しい出店競争に勝ち残っていかなければならないという業界事情がある。寿司飯の上に魚介類をのせただけの握り寿司はとてもシンプルな料理のため、ネタの質を落とすと原価は安くなるが、その分味も落ちる。実際、ある回転寿司チェーンが原価率を38パーセントにまで落としたところ、客離れを招いてしまったという例もあるのだ。

◆大量買い付けでも原価を落とせない理由とは

新鮮でおいしい寿司ネタをできるだけ安く手に入れるために、回転寿司各社ではさまざまな手段で買い付けを行っている。

通常、港に水揚げされた魚介類はまず産地の市場で仲卸業者が買い付け、そこから卸売業者のある各地の市場に輸送され、卸売業者から小売店や外食店に流通するが、回転寿司チェーンではこうした流通ルートを省略し、産地に直接足を運んで大量に買い付けしていることもあるのだ。

しかし、折からの海外の寿司ブームによって資源の確保が難しくなっている。特に**サーモンはヨーロッパや中国などで大量輸入が続いており、仕入れ値が高騰している**ようだ。

これまで、回転寿司では原価率の高いマグロの儲けの薄さをサーモンなどで補てんしてきたが、今やそれもできない状況が起きているのである。

激安理髪店
「10分＝1000円カット」の儲けの方程式

◆激安カットの台頭で減少する理髪店

昔ながらの理髪店の数は年々減少していて、厚生労働省の調査によると2000年から2009年までの10年間で6000店あまり減っている。

その一方で、着実に店舗数を増やしているのが「10分で1000円」をうたうヘアカットハウス、いわゆる〝1000円カット〟だ。

駅ナカで乗り換え客の隙間時間をターゲットに始まった1000円カットだが、今ではショッピングモールやスーパー銭湯、病院などの片隅で見かけることも多くなった。

1000円カットの主な利用者は男性客だ。**男性の理髪店の利用頻度は1～2カ月に1回が最も多い**のだが、給料も小遣いもなかなか上がらないなか、1回のヘアカットに3、4000円の出費は厳しい。そんな消費者の節約志向の高まりも受けて、1000円カット店は順調に売り上げを伸ばしているのである。

◆従来の理髪店より収益率が高い

従来の理髪店の場合、約４０００円のカット代金にはシャンプーと髭剃りがセットとして含まれていることが多い。だが、１０００円カットはカットのみだ。散髪後の髪はシャンプーではなく、吸引器を髪に直接あてて吸い取る。

だから**原価は、家賃と設備費、光熱費、そして人件費などで、シャンプーや髭剃りクリームなどの消耗品代や水道代などを大幅にカットすることができる**のだ。

しかも、１人のお客にかかる時間もわずか10分なので、単純計算すれば１時間で６人分をカットして６０００円の売り上げになる。１日8時間働いたとしたら4万８０００円だ。

一方で、シャンプーと髭剃り込みで４０００円のカットなら、１人のお客につき１時間はかかる。そうなると、１日の稼ぎは3万２０００円で１０００円カットより1万６０００円も少なくなるのだ。

売り上げ、原価率ともに軍配が上がるのは１０００円カットのほうなのである。

●理髪料の年間支出額の推移（１世帯当たり）

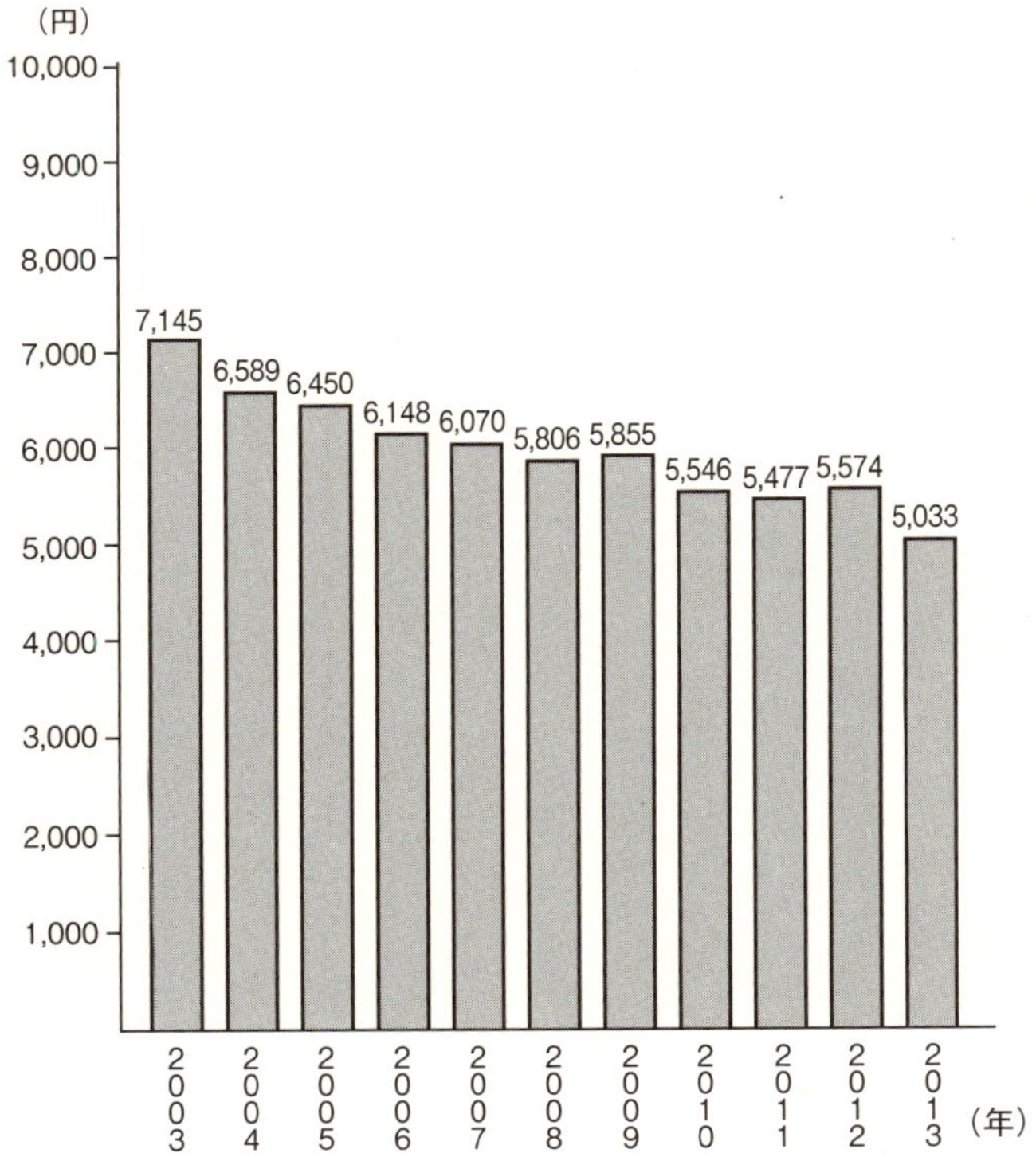

出典：総務省統計局「家計調査」

１回当たりの支出額は、2002 年まで 3,000円台だったが、2010年は2,737円まで下がっている

新聞

世界的にも珍しい「宅配システム」に迫る〝危機〟

◆インターネットの普及で落ち込む新聞の発行部数

日本では新聞の購読を契約していると毎日、自宅のポストに新聞が届くが、この宅配制度は世界的にみても珍しいシステムである。

スタンドや駅売りが中心のアメリカではインターネットなどの無料ニュースに購読者を奪われて新聞社が続々と消滅しているが、日本の新聞はこの宅配制度のおかげで今のところアメリカほど衰退の兆しはない。

とはいえ、日本新聞協会の調べによると新聞の発行部数は年々減っていて、2014年は4536万2672部となっている。そのうち、一般紙は4168万7125部で、これは10年前の2005年と比較して550万部あまりの減少になる。

特に国内でスマートフォンの普及が進んだ2008年頃からは、**1年で100万部以上**

●新聞の発行部数の推移

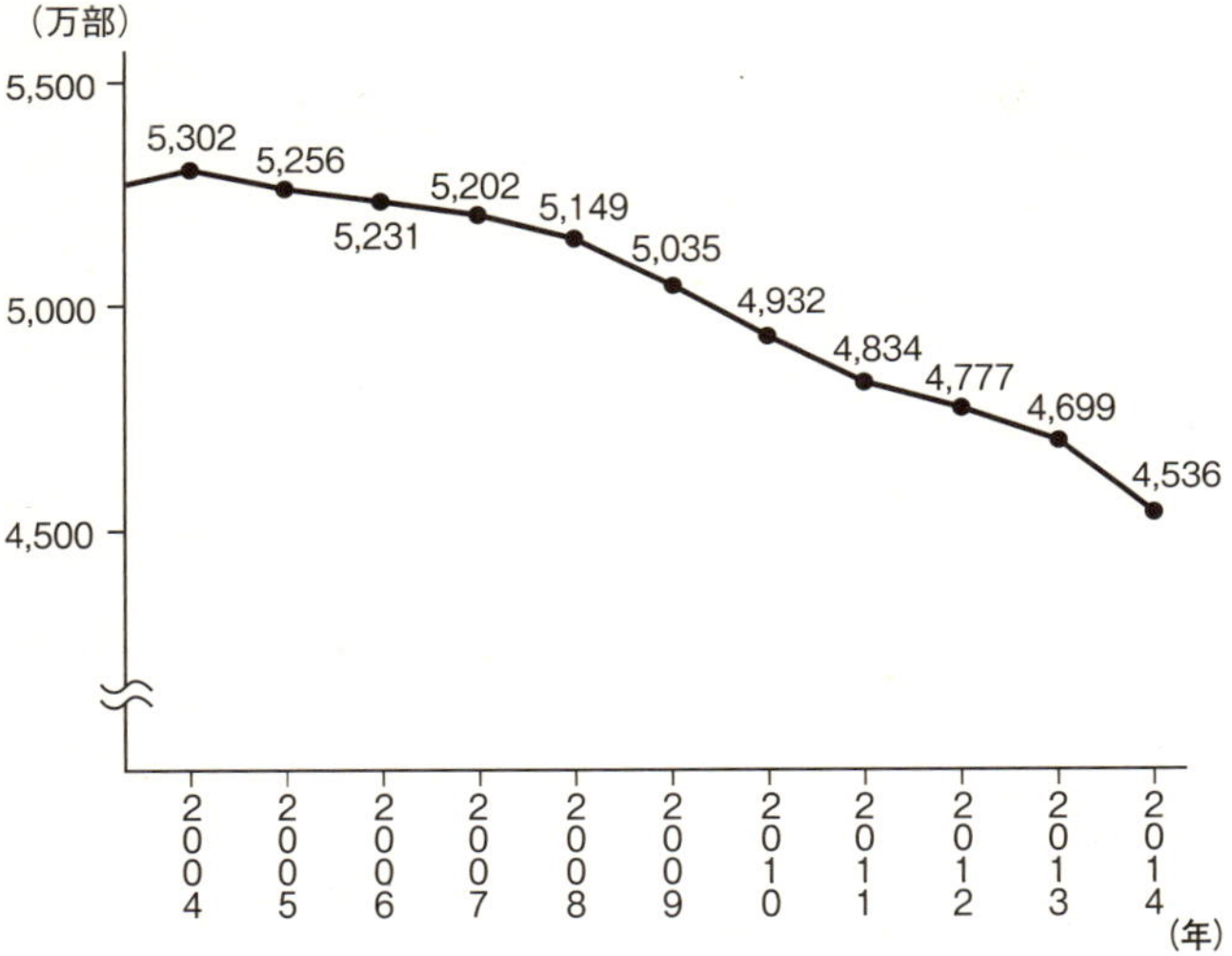

出典：一般社団法人 日本新聞協会「新聞の発行部数と世帯数の推移」

全国紙の購読料（１ヵ月／税込）

読売新聞……3,093 円（朝刊のみ）
朝日新聞……3,093 円（朝刊のみ）
毎日新聞……3,093 円（統合版）
産経新聞……3,034 円（朝刊のみ）
日経新聞……3,670 円（全日版）

も発行部数が減少している年もある。

パソコンやタブレット端末があれば、ポータルサイトに配信されている新聞記事を読むことができるし、大量の資源ゴミも発生しない。そのため新聞は不要と考える消費者が増えているのだ。

◆新聞価格には競争の原理が働かない

インターネットに配信される記事はいくら読んでも無料だ。新聞は契約すれば朝刊だけでも購読料は1カ月3000円以上になる。

新聞の原価は購読料の7〜8割といわれており、これは紙代や印刷、営業、編集などの製作費と諸経費、新聞販売店に支払われる販売手数料などを合わせた金額だ。

たしかに、ネットのニュースで十分という人にとっては、わざわざ新聞を購読するのはムダに思えるのかもしれない。

ところで、競合他社があれば顧客を獲得するために競争の原理が働き、価格競争が起きやすくなるものだが、新聞は契約時に〝景品〟が配られることはあっても値引きされることはない。

これは、**新聞が再販制度（再販売価格維持制度）で定価販売を義務づけられているから**だ。書籍や雑誌などと同様に、新聞にも再販制度が導入されていて、定価以外の売値をつけてはいけないことになっているのである。

スマートフォンなどの普及で情報はタダで手に入ると感じる人が増えているのに加えて、新聞の購買料が値引きされないことが新聞離れにつながる大きな要因になっているというわけだ。

そこで、新聞各社ではウェブサイトで電子版を創刊して会員の獲得に乗り出しているが、有料化にした途端に会員が激減したという例もある。

ちなみに、いち早く有料ウェブサイトを創刊したアメリカの大手新聞社でも苦戦が続いているという。

いったい「ニュース」にはいくらの価値があるのか。ニュースの背景を掘り下げたり、別の角度からニュースの読み方を提供したりすることで付加価値を高めなくては、新聞が抱える構造的な危機は今後も続いていくと思われる。

冷凍食品

特売の目玉商品から消えたのには理由がある！

◆日本人は年間平均20キログラムを消費している

弁当や忙しい時のおかずとして便利な冷凍食品だが、冷凍食品を食べているのは一般家庭だけではない。冷凍食品は業務用として大量に流通しているのだ。

日本冷凍食品協会の「業務用冷凍食品ユーザー調査」によると、業務用の冷凍食品が特によく使われているのは「惣菜・お弁当・デリカテッセン」の分野で、次に「ケータリング」、「事業所給食」と続く。また、同協会の「冷凍食品の利用状況実態調査」では、週1回以上利用する割合は69パーセント以上で過去最高となった。

日本人1人当たりで平均すると、年間に20キログラム以上の冷凍食品を食べているというデータもあるのだ。

日本で消費されている冷凍食品の約56パーセントは国産で、残りの約44パーセントは輸

●冷凍食品の消費量（2000年/2013年）

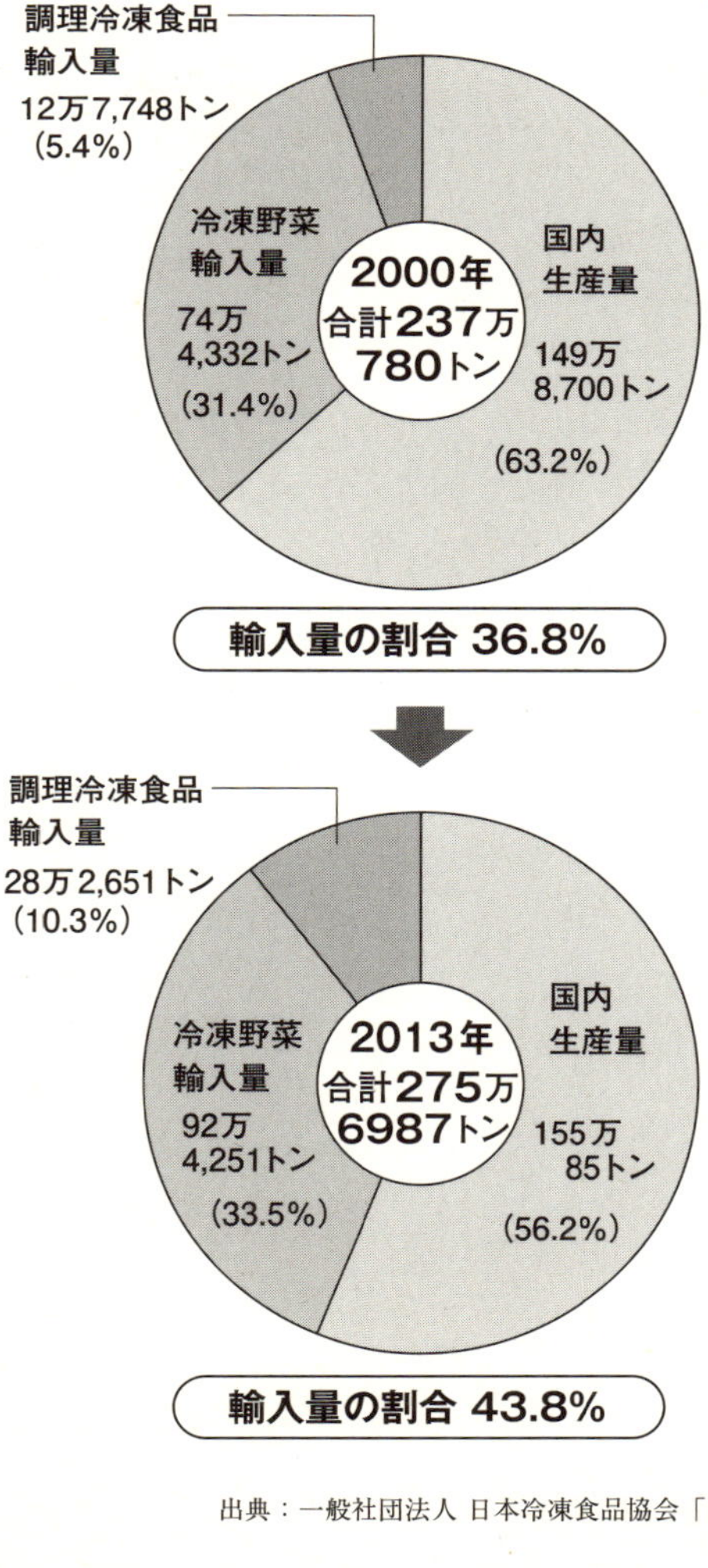

出典：一般社団法人 日本冷凍食品協会「国内消費量推移」

入に頼っている。生産地はアメリカ、中国、カナダ、タイなどさまざまだ。

ところで2000年以降、原料高騰などを理由にたびたび食料品が値上げされているが、その品目の中には必ずといっていいほど冷凍食品が入っている。

これは、消費量の約半分を輸入品が占めていることが原因だ。中国などの新興国で豚肉やエビなどの輸入量が増えたり、天候不順で農作物の収穫量が減少すると、世界的に原材料不足になって値段が上がるのである。

また、最近では円安が進んだことによって輸入品の価格も全体的に上がっている。普段何気なく食べている冷凍食品だが、世界の経済や環境の影響を大きく受けているのである。

もっとも、冷凍食品はけっして原価の高い製品ではなく、**冷凍調理食品メーカーの製造原価は約23パーセント**程度とされる。これに製造コストや流通コスト、それに利益などが上乗せされて販売価格となるのだ。

◆冷凍食品は安売りされすぎた?

2014年11月、全国展開をしている大手スーパーマーケットが毎週決まった曜日に行っていた冷凍食品の半額セールを中止した。

これは週に１回実施してきた販促企画だったのだが、セールの対象外であるＰＢ（プライベートブランド）商品の比率が高くなり、「ほぼ全品半額」がうたえなくなったというのがその理由とされている。

だが、それは冷凍調理食品メーカーにとってむしろ朗報だったのかもしれない。なぜなら、冷凍食品は日持ちがすることから業界では長らく特売の目玉商品として重宝されてきたからだ。

冷凍食品の半額セールを大々的に打ち出して、集客を図るスーパーが増えたことにより、セールでしか冷凍食品を買わないという消費者が増えていったのだ。

それにより、**冷凍食品メーカーは原料高と収益減という二重苦に陥ってしまった**。農林水産省のデータによると、２０１０年の冷凍調理食品メーカーの収益性は食品製造業の中でワースト３に入っているのである。

今後は、冷凍食品の使い勝手のよさなどを上手にＰＲしながら、ただ日持ちのする安い商品ではないことを消費者に訴えていくことが収益性を上げるカギになるだろう。

カップラーメン
為替レートの影響をモロに受ける理由

◆カップラーメンの原価率は外食店と変わらない

新興国の需要の高まりや円安などのあおりを受けて、カップラーメンの値段が年々上昇している。カップラーメンの代名詞ともいえる日清カップヌードルも、2008年にメーカー希望小売価格が155円から170円に値上がりされたばかりだが、2015年1月1日出荷分からはさらに180円に値上げされた。

2008年に15円値上げされたのは、麺の原料である輸入小麦が値上げされたことと、カップが発泡スチロールから紙製に変わったことでコストが増えたのが原因だ。

カップラーメンの原価率は約30パーセントといわれているので、180円の場合なら原価は約54円くらいだ。このうち紙製のカップは約10円と、5分の1程度を占めており、さらに具のかやくとスープで約24円、麺が約20円という内訳になる。

◆原料はほぼ１００パーセント輸入品

麺類やパンの値上げのニュースでよく耳にするのが「輸入小麦の政府売渡価格」という言葉だ。日本人の食の国産志向が高まっているといわれるが、**小麦に関しては国内の消費量の９割が輸入**されている。

今や日本の食生活の必需品となっている輸入小麦は、政府が商社を通じて一括で買いつけて製粉会社などに売り渡している。これを政府売渡制度という。

とはいえ、小麦の国際価格が史上最高値となった２００８年2月以降は、アメリカで収穫量が増えていることもあって小麦の価格は落ち着いている。

それでもカップラーメンが値上げされたのは、円安が原因とされている。円とドルの為替レートは、２０１２年の政権交代から円安に傾きはじめ、２０１２年12月当時には1ドル＝78円台だった円が２０１４年12月には１１９円台と41円も安くなっているのだ。

原材料のすべてを輸入に頼っているカップラーメンが、為替レートの影響を大きく受けてしまうのはしかたのないことなのである。

牛丼

〝デフレの象徴〟だった牛丼に今異変が起きている!?

◆1杯分の利益は5～10円

一時、1杯280円という破格値で牛丼チェーンが客の獲得競争を繰り広げて話題になったが、2014年4月の消費税率アップを境に牛丼の値段は各社がそれぞれ設定するようになった。

牛丼の並盛は2015年1月現在、老舗の吉野家が380円(税込価格)、すき家が270円(税抜価格)、松屋の牛めしは290円(税込価格)という価格設定になっているが、あのボリュームに対してこの値段で果たして利益は出るのだろうか。

販売価格が安いぶん、牛丼の原価率はやはり高くなる。チェーンによって異なるが、一般的に1杯分の食材費は、牛肉が約80円、玉ねぎが約5～6円、たれは約30円で、ご飯を約40円とすると合計155円程度である。

●牛肉の年間平均価格の推移

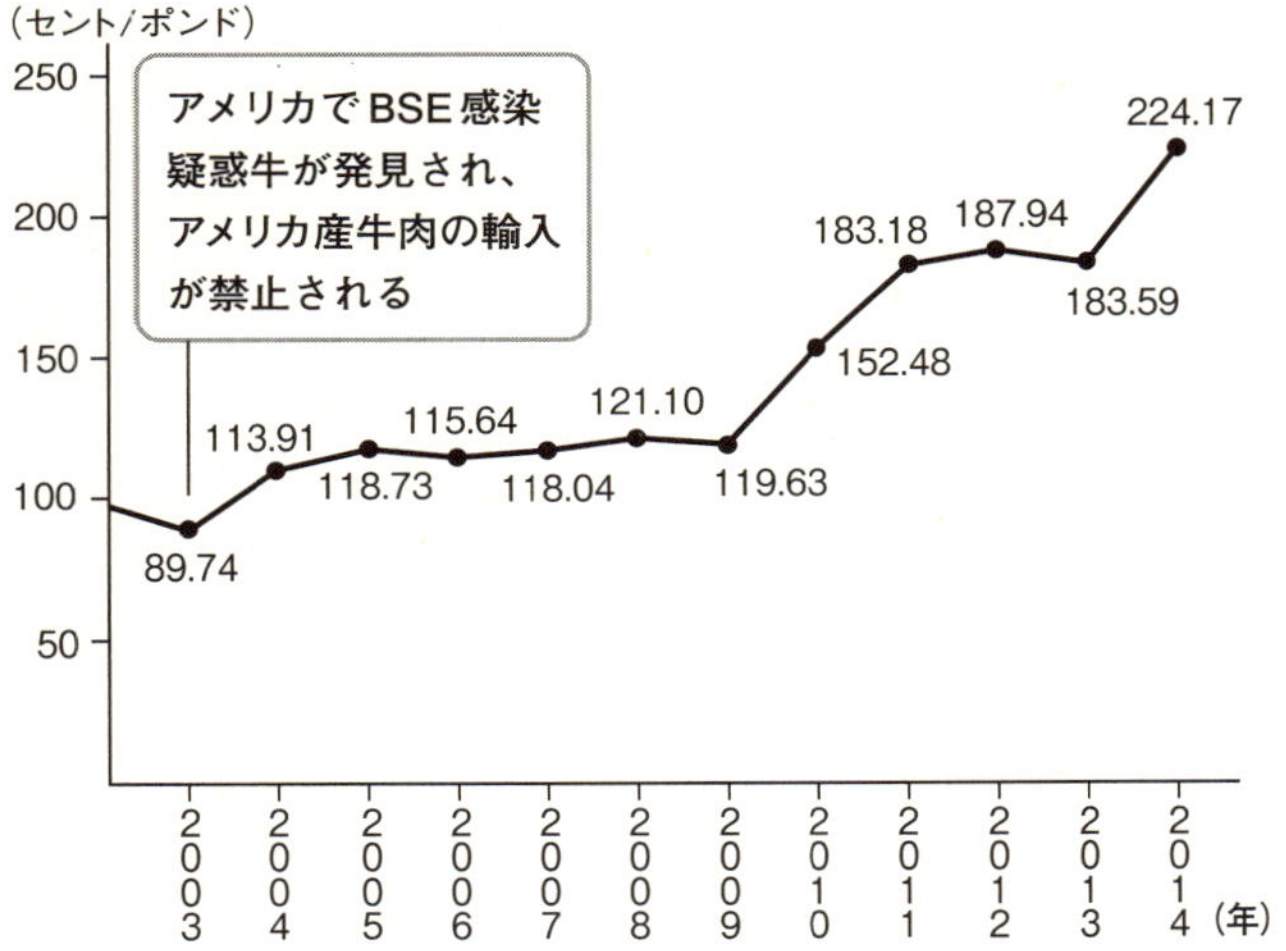

出典：IMF「Primary Commodity Prices」

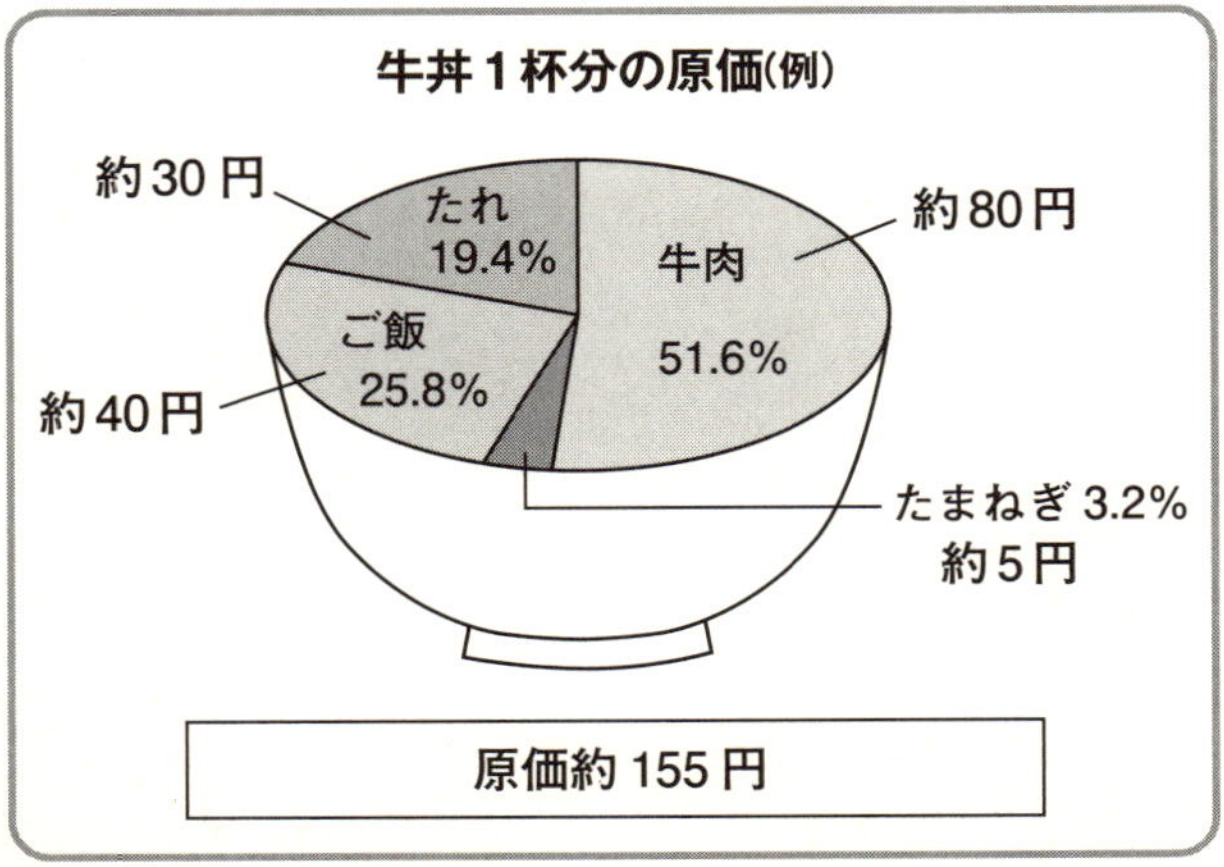

これでは、**380円の牛丼でも原価率は40パーセントを超え、280円ともなれば原価率は50パーセントを超えてしまう**。

ここに無料で提供している紅ショウガ代や人件費、光熱費などの経費を加えると、牛丼1杯分の利益はわずか5~10円程度になるという。まさにデフレの象徴、薄利多売のモデルケースのような原価率なのである。

◆食材の高騰で低価格競争が終焉する?

ただ、このような低価格競争は、消費者にとってはうれしいとばかり言っていられない局面もある。

たしかに、おいしさやボリュームはそのままに、しかも安く1食を食べることができるのだから、財布の中身が寂しくなる給料日前のランチなどにはありがたい存在だ。

だが、いくら競争の原理が働くと価格競争が起きるとはいえ、ものには適正価格というものがある。

牛丼のメイン食材である牛肉は、アメリカを中心にオーストラリアやカナダから輸入されているが、アメリカではここ数年たびたび深刻な干ばつが起きており、繁殖用の雌牛まで出荷されていることから畜頭数が減少している。

そのため、2014年に入ってから**国際価格が急激に上がっていて、1月に1ポンド当たり187セントだったのが9月には272セントまで高騰**しているのだ。これでは低価格を競うのも限界がある。

このため、吉野家は2014年4月に280円から300円に値上げしたばかりでありながら、同年の12月にはさらに80円の値上げに踏み切ったのだ。

また、度を超えた低価格競争のしわ寄せは従業員やアルバイト店員にもおよんでいる。あるチェーン店では深夜にアルバイトが1人で営業を実施したために、過重労働となって社会問題にもなったことは記憶に新しい。

集客のための価格設定でありながら、従業員の負担が過重になったり、人手不足になったりで深夜営業を中止することになると本末転倒である。

日本経済が本格的にデフレから脱却して牛丼の低価格戦争が終わりを告げる日はくるのだろうか。

家具

大型チェーンが低価格で売り続けることができるのは？

◆家具の値段は素材だけでは決まらない

「ニトリ」や「ＩＫＥＡ」など、低価格とデザイン性をウリにした大型家具チェーン店が売り上げを伸ばしている。

家具の値段は、素材と製造の手間ひま、そして人件費や輸送費などで決められている。製造から販売までにどれくらいのコストがかかり、どれだけの利益を乗せられるか。さらにはその生産工程で製品をいくつ製造することができるのか。ざっくりといえば、この「コスト＋利益」を製造個数で割ったのが商品価格になるのだ。

そのため、こだわりの素材を使った一点もののオーダーメイド家具などは高額になってしまうのである。

◆高級家具も低価格家具も原価率は同じ

そんな高級家具の対極にあるのが、前出の大型家具チェーン店のケースである。このような低価格の販売アイテムを揃える家具店に並んでいる商品は、そのすべてが独自の企画商品だ。

つまり、自社で企画やデザインをして、製造は中国やインドネシア、ベトナムなど人件費や設備費が日本の10分の１程度の国で行う。同じアイテムを大量に製造するために、原料も一括で大量に購入して安く抑えるのだ。

そして、出来上がった商品を管理したり、店舗に輸送するのも自社で行う。そのため外部のデザイナーや工場、倉庫などを使わないためにマージンが発生せず、徹底的にコストダウンを実現することができるのである。

しかし、こうした低価格の家具店も、１点10万円以上するような高級家具を扱う店も、**原価率は50パーセント前後**といわれる。つまり、どれだけコストダウンが図られていようとも、家具の原価は売値の半分程度ということなのである。

自動販売機

販売機の設置場所によって同じジュースの値段が違うワケ

◆年間売り上げ2兆2000億円市場

日本は世界でもまれにみる自動販売機大国だといわれる。たしかに、さまざまな店舗の前だけでなく住宅街にも設置されていて、その数は全国に500万台以上、その半数が飲料の販売機なのだという。

ところで、自動販売機で売られている**清涼飲料や缶コーヒーなどの値段は、同じ商品でもけっして一律ではない**。駅などの公共の場では、500ミリリットルのミネラルウォーターが120円、お茶が160円、コーヒーのショート缶なら130円くらいが相場だが、旅館などに備えつけられている自動販売機ではそれよりも20〜30円程度高いことが多い。

さらに、街中には「すべて100円」という自動販売機もある。なぜ、これほどまでに値段が違うのだろうか。

●自動販売機の機種別普及状況（2013年末）

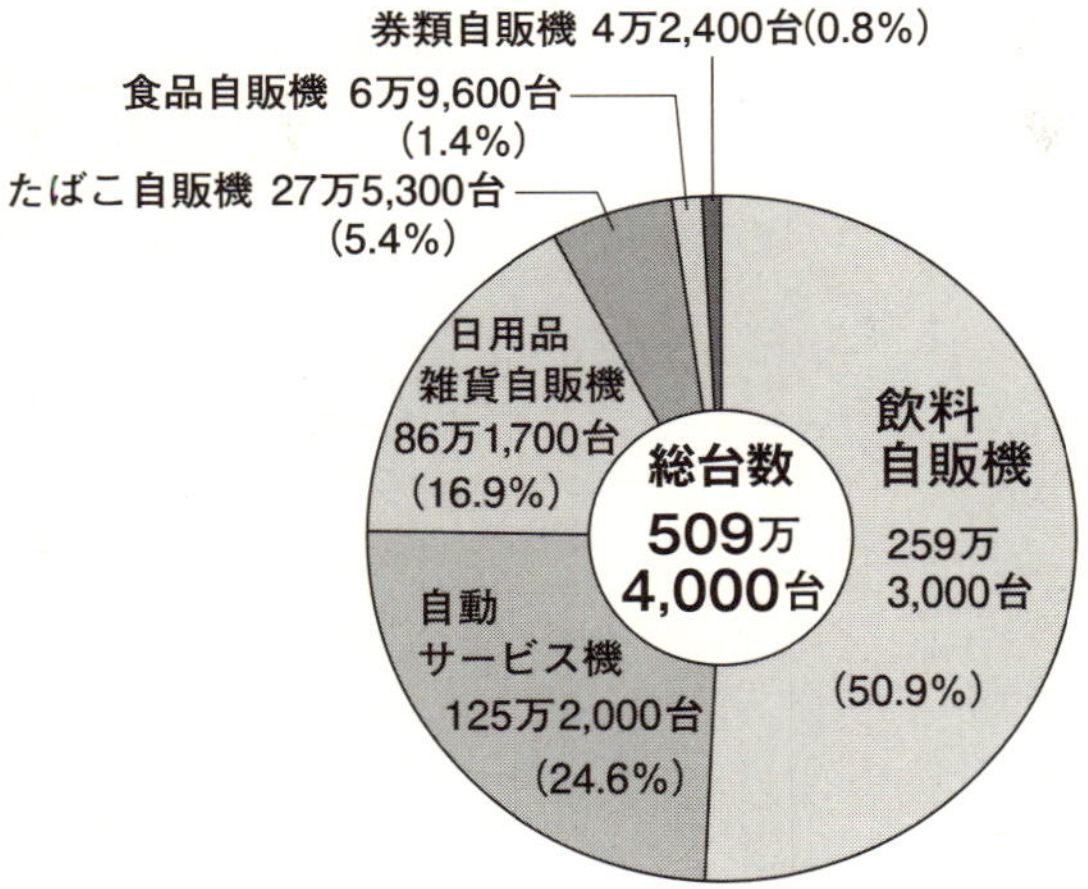

出典：一般社団法人 日本自動販売機工業会
「2013 年末自販機普及台数及び年間自販金額」

500ミリリットルの飲み物のコスト（例）

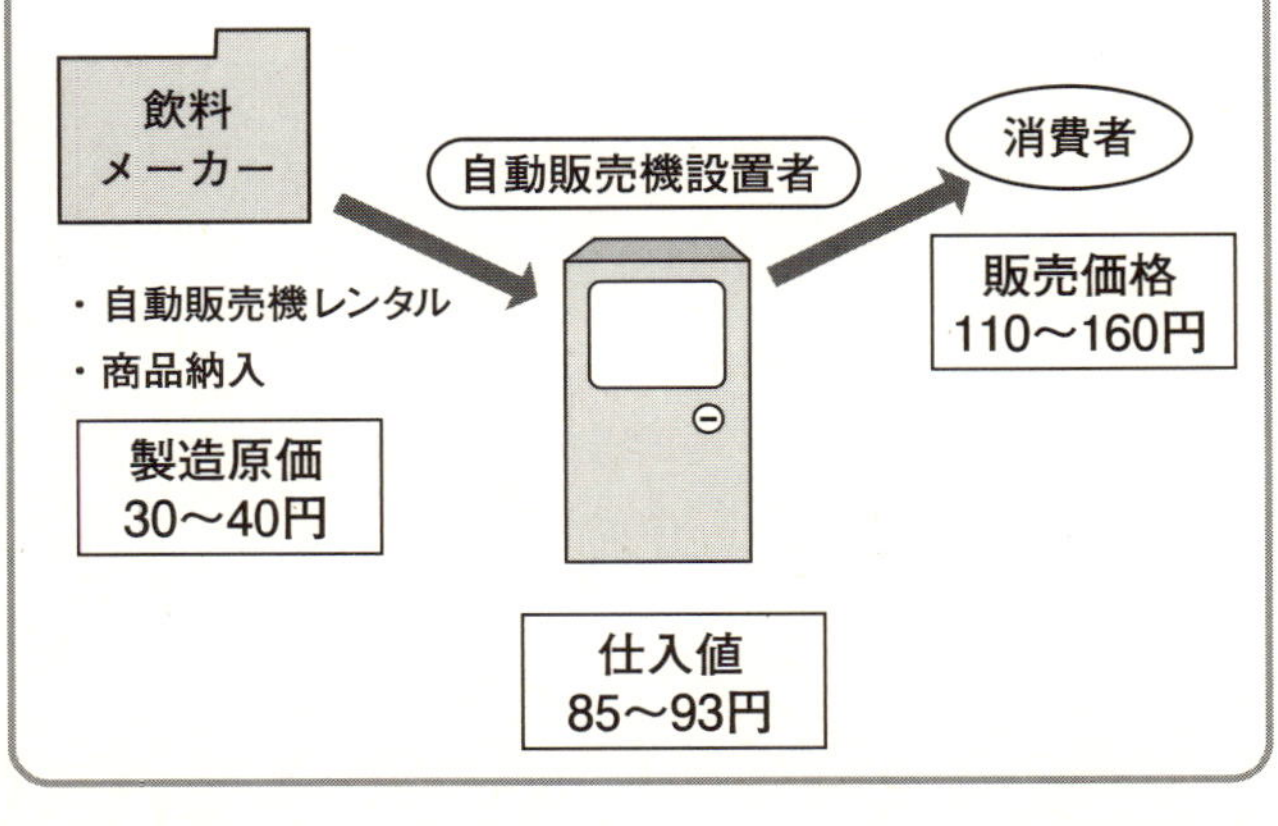

◆清涼飲料水や缶コーヒーの中身は数十円

そもそも**清涼飲料やコーヒーの原価はたった数円程度**で、缶やペットボトルなどの容器は25円前後だ。これに輸送料や人件費などの経費がプラスされて、販売価格になっているのだ。

ところで、個人の敷地などに自動販売機を設置する場合には、「フルオペレーション」と「セミオペレーション」という2種類の方法で導入することができる。

フルオペレーションは無料で自動販売機をレンタルし、商品の補充や空き缶の回収などもすべてメーカー任せで電気代だけを負担する。そして1本売り上げるごとに20円程度の手数料を受け取るというシステムだ。

一方で、セミオペレーションは中古の自動販売機を50～70万程度で購入し、仕入れや管理も自分で行う。仕入れ代と電気代など経費を除いた売り上げが収入になるのだ。

つまり、セミオペレーションの自動販売機であれば、全品１００円などの激安販売が可能になるのである。

クレジットカード

「原価」から読み解くクレジットカードの秘密

◆金利差がクレジットカード会社の利益を生む

新しいショッピングモールができると、店頭で行われるのがクレジットカードの入会勧誘だ。そのモールの名前を冠したカードで、これを使って買い物をすれば５パーセント値引きされるなどの特典がある。

クレジットカード会社というのは、いわばカード利用者と加盟店の間に立ち、そこで発生する金利で儲けているのだが、それではクレジットカードに原価はあるのだろうか。

そもそもクレジットカード会社は、カードの利用者が購入した商品の支払いを加盟店に代わっていったん支払い、後日、利用者に代金を請求する仕組みで成り立っている。その原資となっているのは、銀行から借り入れた資金だ。

当然ながら、**銀行からお金を借りると金利が発生する。だが、その借りたお金の何倍も**

の金利を分割手数料としてカード利用者から徴収すれば、その差がクレジットカード会社の儲けになる。

たとえば、銀行から3パーセントの金利で融資を受けたとして、カードの分割手数料が15パーセントだったとしたら単純に12パーセントが利益になる。つまり、クレジットカードの原価はその金利3パーセント分になるというわけだ。

◆全品5パーセントオフでも分割払いならプラスになる

「カード払いなら、全品5パーセントオフ」などとうたっているショッピングモールは少なくないが、これでは多くの人がクレジットカードで払えば払うほどクレジットカード会社は損をするのではないかと思われがちだ。

だが、前述したように**クレジットカードの分割手数料はけっして安くはない**。仮にカード利用者が12万円の商品を5パーセントオフの11万4000円で購入したとしても、分割払いであれば手数料が発生する。それしだいでは、支払総額は12万円を超え、割引価格を上回るのである。

●クレジットカード発行枚数（2013年3月末現在）

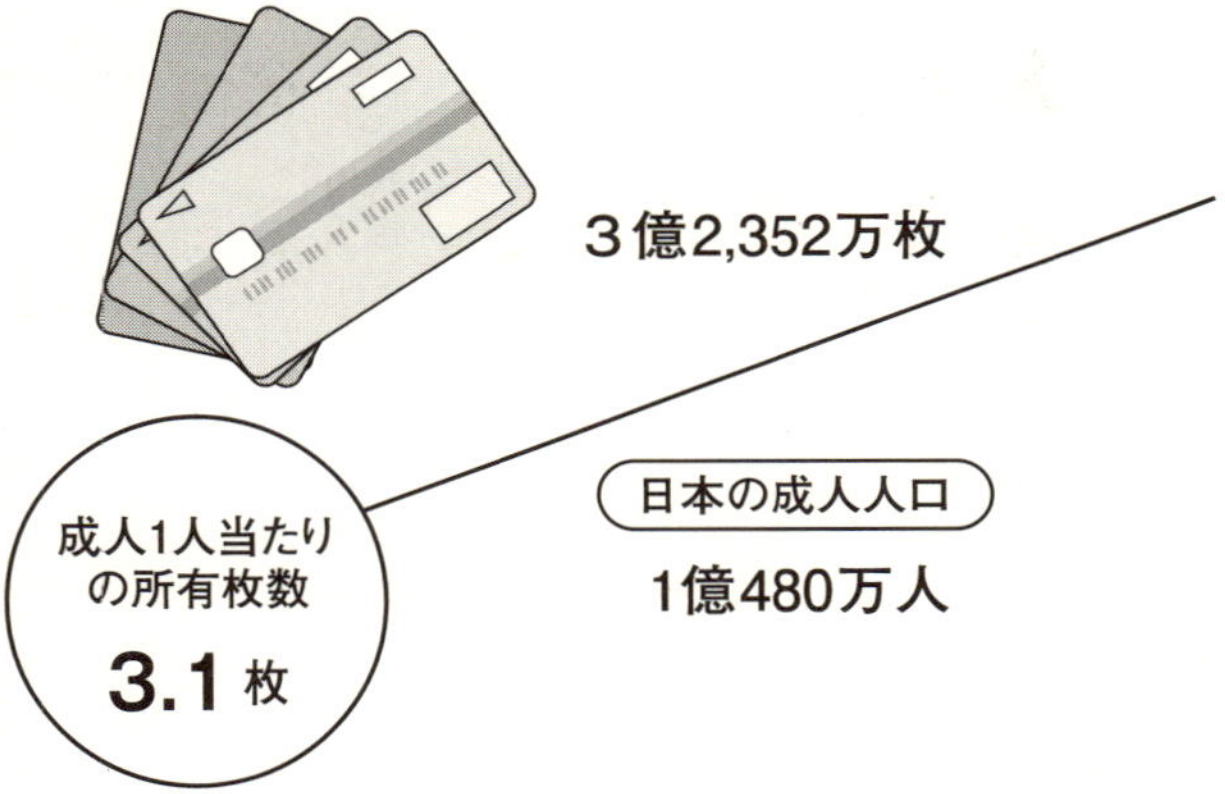

出典：一般社団法人 日本クレジット協会「平成 24 年度消費者信用供与額の動向とクレジットカード発行枚数調査」

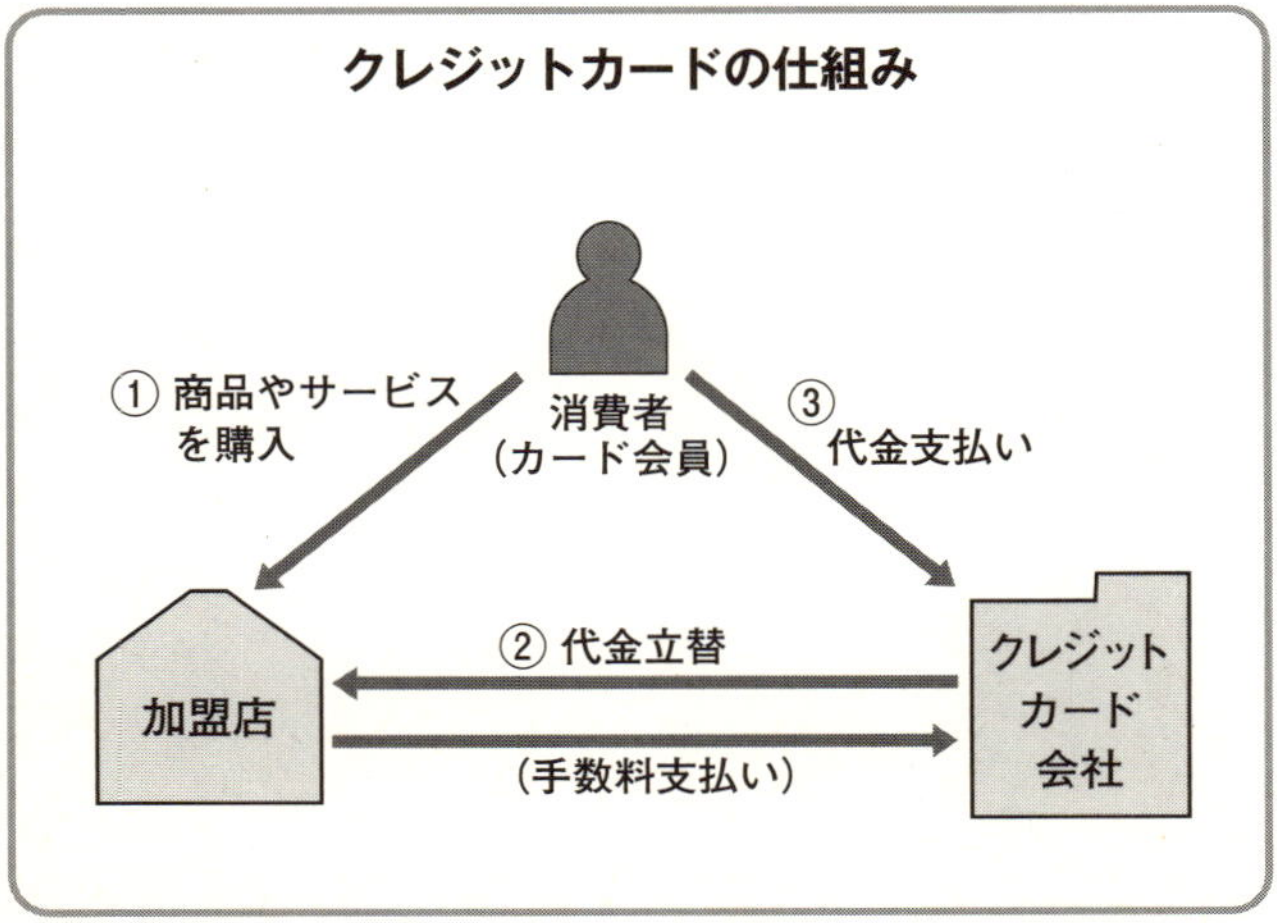

化粧品

高級化粧品と100均化粧品の値段の違いは何の違い？

◆化粧品は販売価格の3分の2が広告費やパッケージ代

化粧品の値段は、まさに〝ピンからキリまで〟ある。たとえばファンデーションを例にとると、シャネルやディオールといった海外の有名コスメブランドのものになると6000〜1万円程度だが、国内の有名メーカーのものは2000〜4000円だ。

さらに探せば、もっと手頃な100円ショップで売られている化粧品もある。価格はもちろん税込みで108円である。

なぜ、これほどまでに値段が違うのかというと、ひとつ考えられるのは、**化粧品の値段のうち、広告宣伝費や見栄えのよい容器代がかなりの割合で占めている**ということ。

たとえば、海外の有名コスメブランドの場合、ファッション雑誌の中でも高級誌といわれる媒体だけに広告を出稿してブランドイメージを高める戦略はよく知られている。また、

●化粧品（OEM生産）の流れ

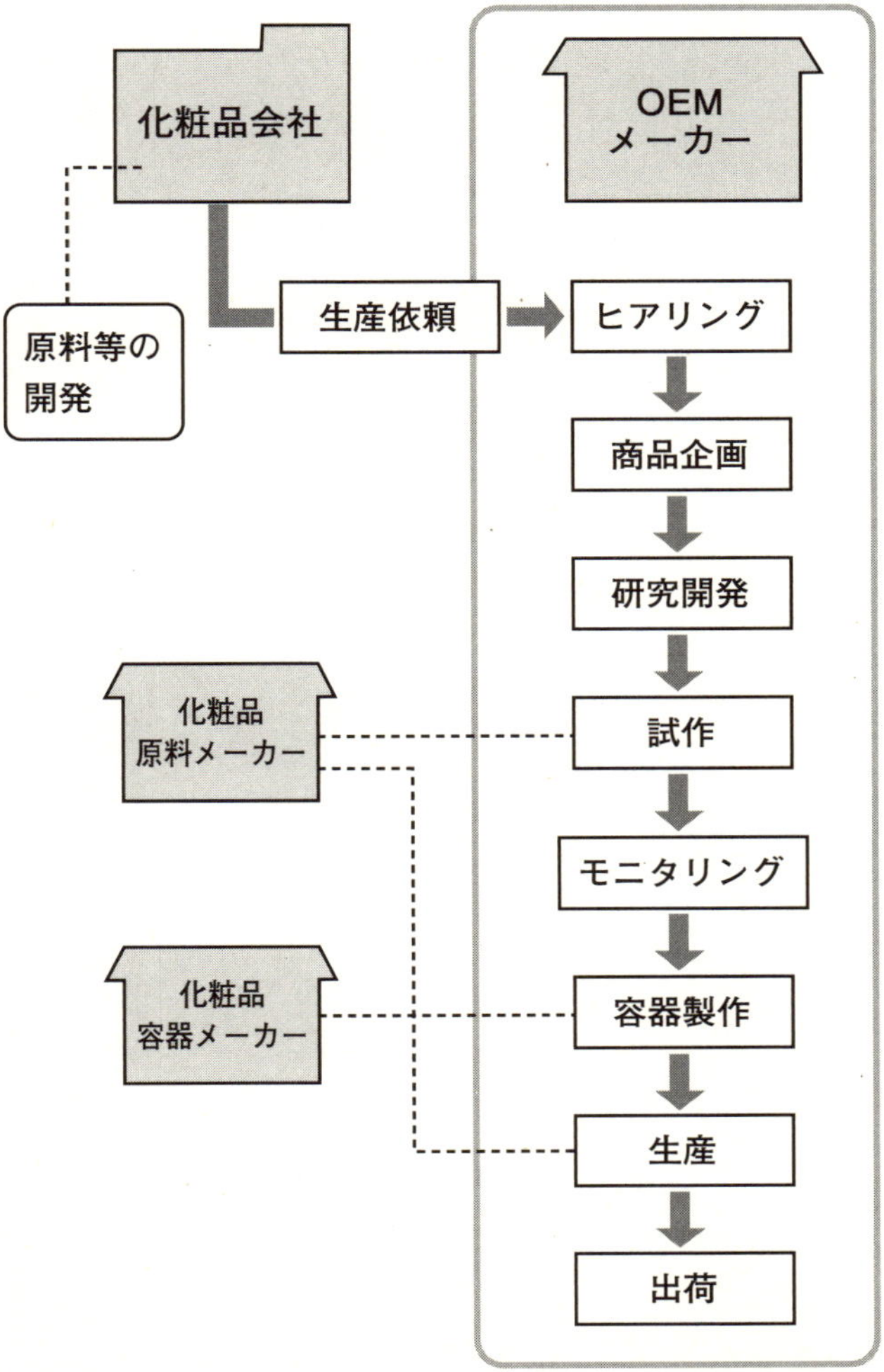

こうした高級コスメはパッケージも計算されていて、高級感を醸し出すことに成功しているのだ。

だが、**その原価はというと、研究開発費なども含めて3分の1程度**だといわれる。

◆化粧品会社の仕入れ先、OEMメーカーとは

化粧品の原価率が低い理由のひとつに、OEMメーカーの存在がある。OEMメーカーは、発売元の化粧品会社の製品を製造する会社で、発売元である化粧品会社は、このメーカーでつくられた製品を仕入れて、自社製品としてブランド名をつけて売っている場合があるのだ。こうすることで、製造そのものと品質管理などにかかるコストを削減することができるのである。

ただ、OEMメーカーは製造した化粧品を化粧品会社に〝卸す〟だけでなく、自社商品として市場に出すこともできる。そのため、ブランド名や化粧品会社は違うのに、じつは中身はまったく同じ化粧品ということもあるのだ。高い化粧品を使えば効果があると思い込んでいる女性が多いのは、まさに広告やブランド戦略の賜物なのである。

ワイシャツ
シャツの値段と原油価格の切っても切れない関係

◆ワイシャツの原価は販売価格の約５分の１

今やワイシャツといえば、形状記憶シャツが主流である。素材の生地は、綿とポリエステルがそれぞれ50パーセントのものもあれば、ポリエステルが65パーセントとやや比率の高いワイシャツもある。

いずれにしても、綿１００パーセントのシャツに比べて洗濯をしても繊維が縮みにくく、脱水してもシワになりにくい。軽くアイロンがけをするだけですむ手軽さがウケている。

そんな形状記憶シャツの値段もピンからキリまであるが、平均すれば４０００円くらいになる。だが、**原価となると約８００円くらい**である。

ワイシャツ１枚をつくるのに必要な生地はおよそ２・３メートル。綿とポリエステルの混紡生地は10センチ当たり25円あれば買えるので、生地の原価は６００円弱となる。

そこに糸やボタンなどが加わったとしても、原価は確実に1000円以下になる。ここに仕立て代や利益などがプラスされていくのである。

◆合成繊維は安価に大量生産が可能

一般的に綿100パーセントのワイシャツに比べて、綿にポリエステルなどの合成繊維が入った混紡のほうが原価は低い。合成繊維は、石油を原料につくられる化学繊維で、気候などに生産量が左右される綿や麻よりも安価に大量に作ることができるからだ。

その合成繊維の生産量は、世界の人口の増加に伴って伸びている。中国やインドなどのアジアが主要な生産国で、生産能力は世界の4～5割を占めるといわれている。

だが、**合成繊維の原料は石油なので、原料の値段は原油価格に左右される**こともある。実際、2013年1月には、2012年の原油価格の高騰の影響を受けて、大手繊維メーカーが合成繊維の値上げに踏み切っている。

そう考えると2014年後半に始まった原油価格の値下がりの影響を受けるとすれば、今後、シャツの値段も今以上にお手頃になるかもしれない。

第2章

激変する「モノの値段」の裏に何がある？

原油

「原油安」が世界経済に与える本当のインパクト

◆2014年、世界エネルギー地図は変わった

ガソリンの価格を決めているのは、原油の国際価格である。国際価格が高騰すればガソリン価格も上がり、その影響をもろに受けたのが2008年だった。

リーマンショック前の2008年8月、過熱した投資家のマネーゲームによって原油価格が吊り上げられ、レギュラーガソリンの価格が史上最高値の1リットル当たり185円をつけたのである。この時、原油価格は1バレル（約160リットル）当たり150ドル近くにまで高騰した。だが、このバブルも翌月のリーマンブラザーズの破綻で一気にはじけ、さらに翌年1月には一時的に1バレル当たり40ドル台にまで下がった。

その後、日本では暫定税率が上乗せされたため1リットル当たり150～160円前後で高止まりしていたのだが、2014年夏頃からまた異変が起こり始めた。わずか5カ月

●2014年の国際原油価格の推移

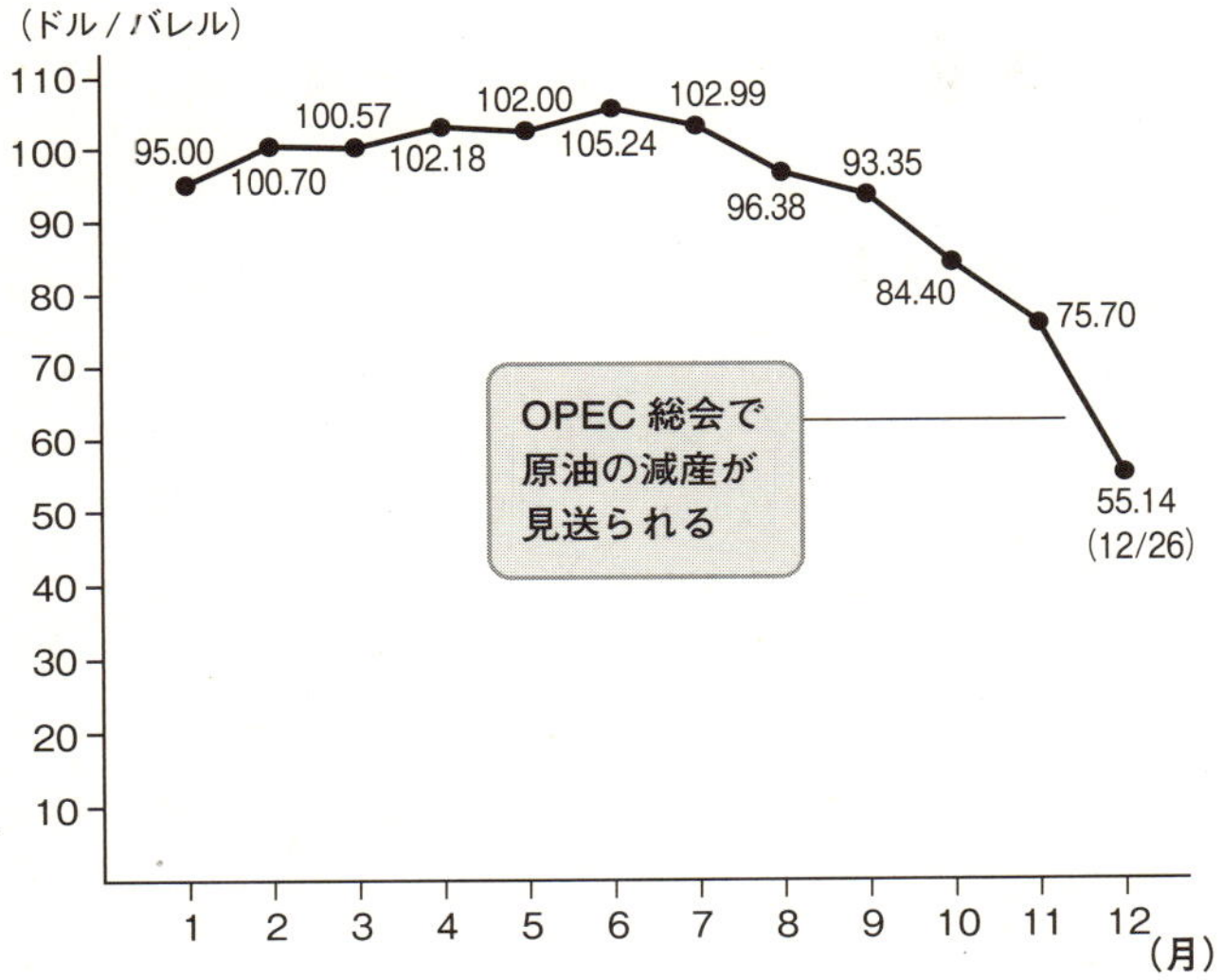

出典：IMF「Primary Commodity Prices」

●ガソリン価格の内訳

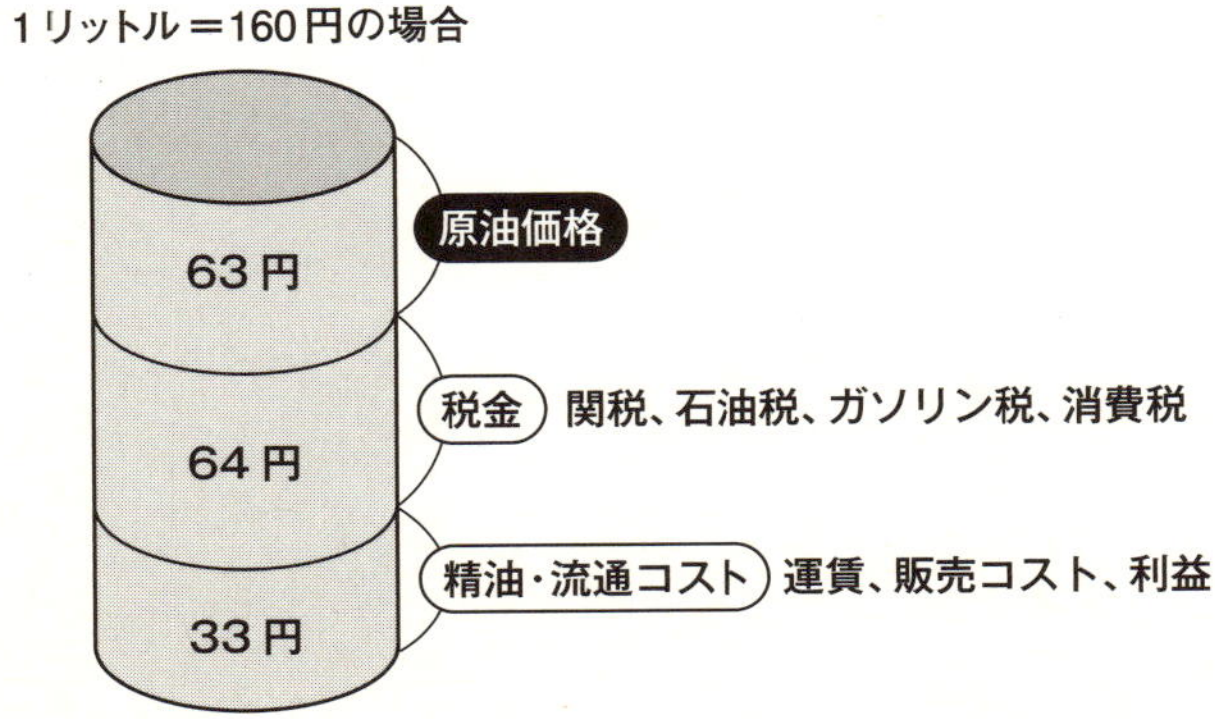

でみるみるうちに134円にまで下落したのだ。

ガソリン価格が下がった理由は、2014年に世界のエネルギー地図が塗り替わったことにある。世界の主な産油国といえば、中東のサウジアラビアやクウェート、イラクなどのOPEC（石油輸出国機構）加盟国だが、2020年にはこれらの国を抜いて**アメリカが世界1位の産油国になる**といわれている。

アメリカには地中深くのシェール層に天然ガスやオイルがあることが確認されていたが、それが採掘可能になり、2008年に「シェール革命」が起きた。

そして2014年には、ついにサウジアラビアに迫る量のシェールオイルを採掘できるまでになったのだ。しかも、すでにこれまでの輸入量1日当たり750万バレルを超える780万バレルを産出しており、オバマ大統領は40年間禁止されていた原油の輸出に踏み切っている。

◆OPECの減産拒否で国際価格が暴落

これに対抗したのがOPECである。じつは、アメリカのシェールオイルはOPEC加盟国の原油に比べて採掘にコストがかかり、原油の国際価格が１バレル当たり90ドルまで下がると採算が取れないといわれている。

そこで、ＯＰＥＣ総会で原油の減産をしないことを取り決め、市場に大量の原油を流通させたため、国際価格は１バレル当たり55ドルにまで下落したのである。また、この原油安によってロシアの天然ガスの需要が減り、ロシア・ルーブルが暴落したことも記憶に新しい。

一方で、ガソリンスタンドで小売りされるガソリンの価格は、原油価格に精油コストや流通コスト、元売や小売の粗利益、ガソリン税などがプラスされて決まるが、このうち原油価格は為替相場によっても変動する。

２０１５年１月現在も円はかなり安くなっているが、資源を輸入に頼る日本経済にとっては、円安は物価を押し上げる一因になる。一方、原油の国際価格の下落で、物価上昇に多少の歯止めがかかりそうだ。また、それによってガソリン価格だけでなく、燃料コストが下がることから電気料金や航空運賃の値下げなども期待できる。

いずれにしろ資源を持たない日本にとっては、産油国の駆け引きを見守っていくしかないのである。

格安航空券

業界地図を塗り替えた「ＬＣＣ」の原価の秘密

◆空の自由化が生んだＬＣＣ

「空の自由化」の流れの中で、格安航空券を発行するＬＣＣ（格安航空会社）の台頭が世界中で進んでいる。２０１４年２月の時点で日本が世界27の国や地域と結んでいるオープンスカイ協定によって航空の自由化が進んだことも後押ししている一因だ。

現在、日本国内のＬＣＣはピーチ・アビエーションとジェットスター・ジャパン、バニラ・エア、春秋航空日本の４社である。２０１５年夏にはここにアジア最大のＬＣＣであるマレーシアのエアアジアが参入してくる予定だ。外航ＬＣＣの日本への乗り入れも増加している。

ＬＣＣが破格の値段で航空券を発行できるのには、徹底したコスト削減による企業努力がある。使用する機種の統一や１機当たりの座席数を増やしたり、機内設備の簡素化、無

● 国内線におけるLCCのシェア(2014年3月)

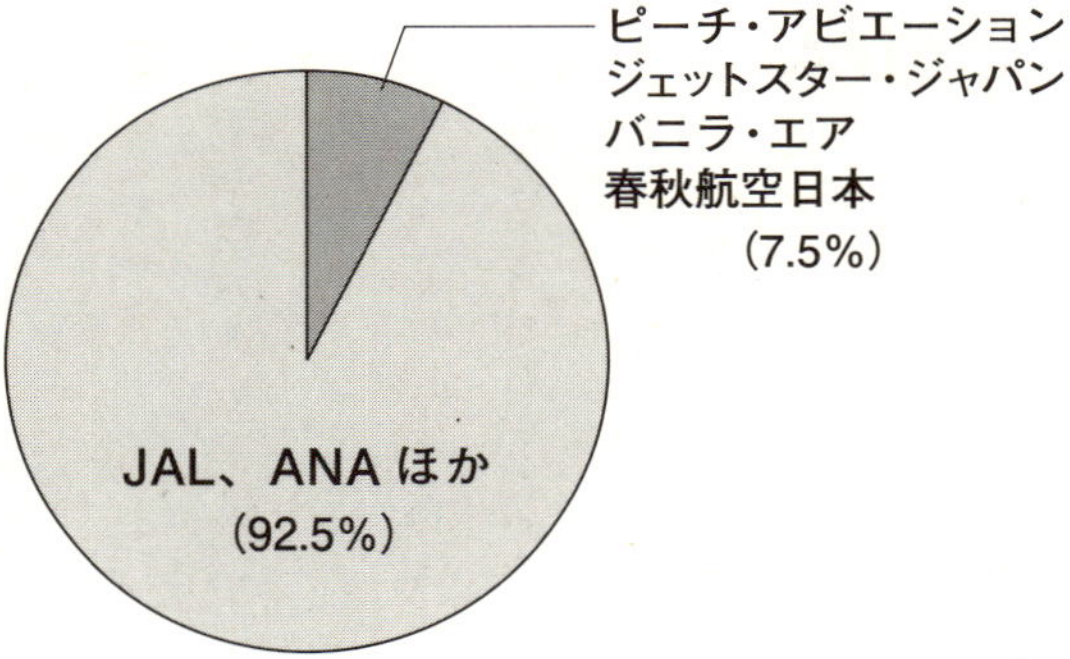

出典：国土交通省「LCCの参入効果分析に関する調査研究」

LCCのコストダウンの仕組み

- 座席のスペースを狭くして多くの座席数を確保している
- 変動運賃制を導入し、早期購入は安く、遅い購入は割高に料金を設定している
- インターネットでチケットを販売し、人件費を抑えている
- 航空機の機種を統一している
- 座席のクラスを統一し、機内サービスを単純化している

料サービスの廃止、各空港での駐機時間の短縮、ネット予約を中心にすることによる人件費の削減、そして着陸料や停留料などの安い空港を選んだり、採算のとれる路線に限った運行など、徹底して費用を抑えた運営がなされているのだ。

◆安定航行が今後の課題

しかし、2014年にコスト削減が裏目に出たあるまじき事態が引き起こされた。

LCCが慢性的なパイロット不足に陥ったのだ。その結果、ピーチ・アビエーションは5~10月で約2000便、バニラ・エアも6月に154便もの大量欠航が起きてしまったのである。

現在ではパイロット不足が解消しつつあるとはいえ、「安定した運航」がLCCに課された大きな課題であるのは間違いない。

航空業界に価格破壊をもたらしたLCCだが、競合相手が増えるにつれてその競争もし烈さを増していく。低価格というメリットが当たり前になれば、欠航などの心配がない安心できる運航の提供が今後のカギとなるはずである。

銀行手数料

生き残りをかけたネットバンクの成長戦略とは？

◆手数料ビジネスによって利ざやを稼ぐ

銀行といえば手堅く安定した企業だったのはもはや過去の話に過ぎず、1990年代以降、数々の銀行が経営破たんしている。経済状況や社会構造の変化に対応しきれなくなった結果といえるだろう。

銀行の利益は、単純にいうと「お金を動かす」ことによって生じている。

個人や企業が預金すると、銀行はそのお金をもとにして貸し付けを行う。貸し付けたお金には「貸出金利」が上乗せされるのだが、これは銀行が預金者に支払う利息の金利よりも高く設定されている。この差額が銀行の利益となるのだ。

また、**決済業務や預金の出し入れの際にかかる手数料も大きな収入源の一つ**だ。1998年に投資信託が、2007年までにはすべての保険商品の窓口販売が解禁されて、その販売手数料の比重も伸びてきている。

メガバンクを中心に、証券ビジネスにも乗り出す銀行も増えている。さまざまな金融商品に手を広げていることからみても、銀行が手数料ビジネスに力を入れていることがわかるだろう。

◆手数料が安いネット銀行の台頭

その手数料を安く設定し、利便性と共に存在感を増しているのがネット銀行である。

ネット銀行はその名の通り、インターネット上で取引を行う。現金の口座への入出金だけはコンビニなどに設置されたＡＴＭを使うことになるのだが、残高照会、入出金明細の照会、振り込み、振り替え、定期預金の預け入れや解約、外貨預金の預け入れや解約、投資信託の購入や解約などを24時間インターネット上で行うことができるシステムになっている。

ネット銀行が扱う商品の中で人気が高いのがネット定期で、従来型の銀行に比べて金利が高く設定されているのが魅力だ。ほかにも、振込手数料なども安く抑えているところが

●銀行別の金利の比較（定期預金）

銀行＼年	2005		2014
大手銀行	0.03%	→	0.025～0.33%
ゆうちょ銀行（郵便局）	0.03%	→	0.035～0.04%
ネット銀行	0.21～0.7%	→	0.05～0.335%

銀行の資金調達方法

- 個人や企業の預金
- 短期金融市場での借り入れ（コールマネー）
- 社債での借り入れ

多い。

ネット銀行が銀行の収益の生命線ともいえる手数料と金利に関して、利用者に有利なサービスを行えるのは**実店舗の数を抑制して店舗の維持費や人件費などを抑えている**からだ。ほかにもショップなどと連携したポイントサービスや、モバイルとの連携など、多種多様なサービスを提供しているため、お得感はさらに増すだろう。

この流れを受けて、従来の銀行でもネットバンキングができるところが増えている。銀行ですら自由競争の時代になっている今、消費者にとって魅力的な商品を提供することが生き残りに欠かせない策であることは間違いない。

しかし、便利なネットバンキングにも問題点はある。取引に使うＩＤやパスワードが盗まれ、不正送金されるという被害が急増しているのだ。

もちろんネット銀行であっても、利用者に過失がない場合、法律によって預金は全額補償される。そうはいっても、利用者側にもパスワードの定期的な変更やウイルス対策などの自衛策が求められる。手軽で便利というメリットを利用するだけではなく、かけがえのない資産を預けているという意識を常に持っている必要があるのだ。

プラチナ・金

社会情勢に左右される貴金属価格のフシギ

◆産出コストを割り込む金の取引価格

鉱物資源の中でも、貨幣として利用され、富の象徴としてもてはやされてきたのが金である。現代でも装飾品のみならず、投資の対象としても安定した人気を保ち続けている。

ある試算によると、金の平均の産出コストは2012年時点で1221USドル／トロイオンス（約31グラム）程度だという。ところが、ここ**最近の金の取引価格は1300USドル／トロイオンス前後となり、産出コストをギリギリで推移している。**2015年の1月には1200USドル／トロイオンス前後が続くなど安値傾向は止まらない。

金相場は社会情勢と密接な関係にある。実際、2014年の金相場は原油相場やアメリカの利上げなどの影響で国際取引価格が乱高下している。株式や為替ほどの取引規模はないが、金の値動きをみるとその時の社会情勢の動きがつぶさに見てとれるのである。

◆プラチナ価格の上昇は工業用品の値上げにつながる

一方、プラチナの価格には、より経済的な背景が見え隠れする。

宝飾品としてのイメージが強いプラチナだが、その需要の半分は自動車の排ガスの触媒や工業用のもので、世界のプラチナ需要の6割以上を占めている。

プラチナ価格はここ10年でかなり高騰し、2004年の1グラム当たり約2942円から2014年には約4698円と、1・6倍も値上がりしているのだ。

じつは、**プラチナは世界的な供給不足状態が続いている**。これは、政情不安などによる労働環境の悪化によって南アフリカのプラチナ鉱山が次々に閉鎖されていることが影響している。

世界経済が順調に回復していけば、自動車や工業用などのプラチナ需要はさらに高まるが、南アフリカの情勢が好転しなければ、需要と供給のバランスが崩れて、プラチナ価格はさらに高騰していくことが予想される。プラチナ価格が生産コストを押し上げれば、工業用品や車などの価格が値上がりしていくという結果につながってしまうのである。

●金、プラチナの年次平均価格の推移

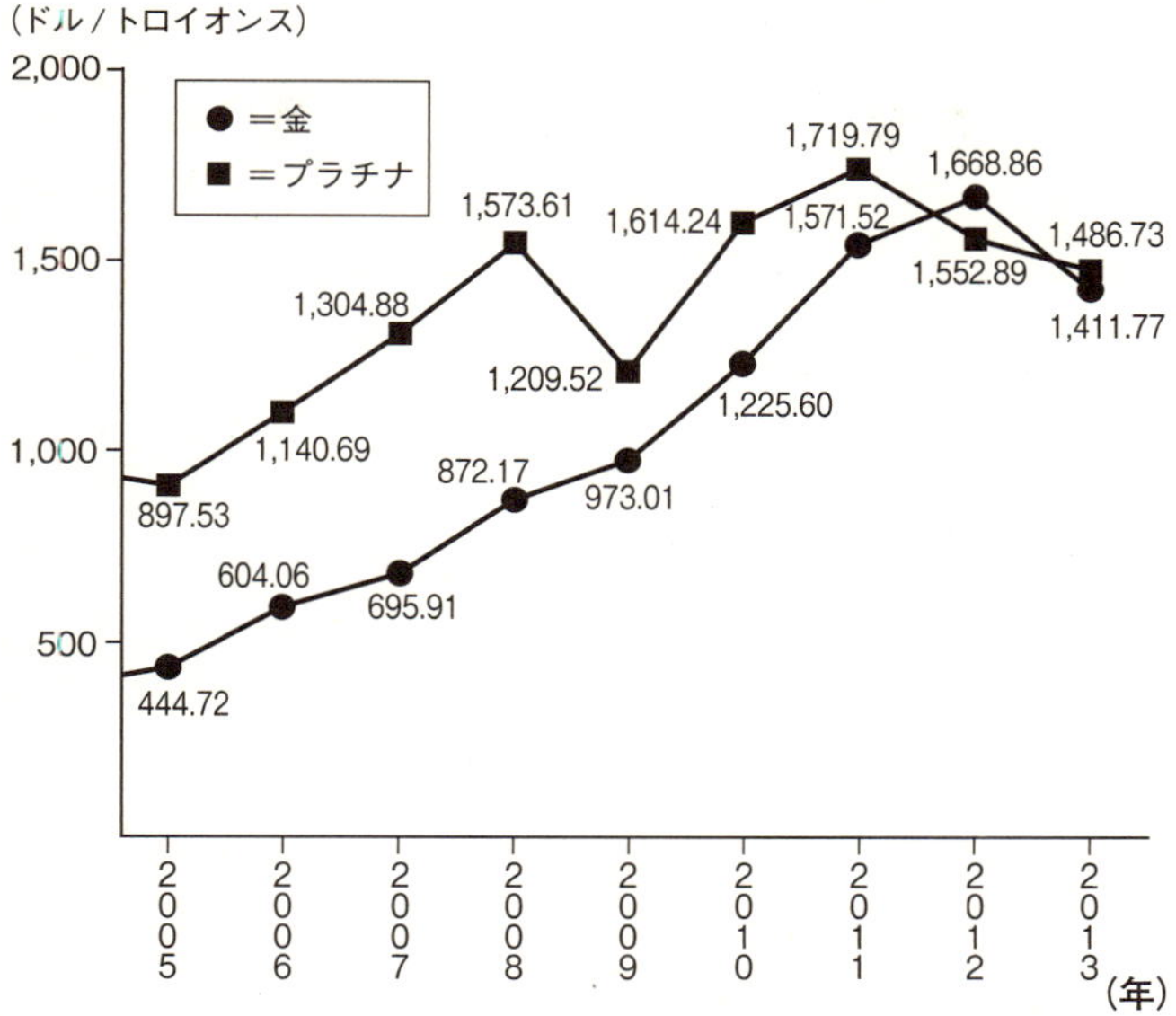

出典：田中貴金属「貴金属相場情報」

●金、プラチナの鉱山生産量（2013年）

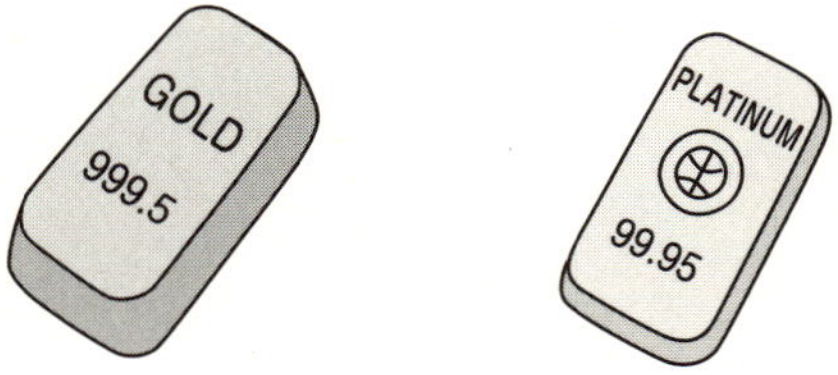

金　3,022トン　　プラチナ　184.8トン

出典：一般社団法人 日本金地金流通協会

マグロ

禁漁？ 超高額化？ 完全養殖？ 気になる噂の真相は？

◆価格よりも資源の保全が急務

東京の築地市場で行われた2015年のマグロの初競《はつせ》りは、青森・大間産180・4キロの本マグロが451万円という値をつけた。1キロ当たり2万5000円という高額ではあるものの、2007年以来、8年ぶりに400万円台に落ち着いた結果となった。

初競りの価格は実際の市場価格とはかけ離れている。**2014年の11月までの東京の年間平均価格は1キロ当たり1394円**で、多少上下動しながらも安定して推移している。

マグロの生息数が激減しているのは周知の事実だ。特に、太平洋クロマグロは、すでに96パーセント減と報告されている。世界最大の消費国である日本としては、全面禁漁を避けるためにも早急に手を打つ必要があるのだ。

2014年9月に開催されたWCPFC（中西部太平洋まぐろ類委員会）北小委員会で、

日本は30キログラムの未成魚の漁獲量を2015年から半減させるという提案をした。これに参加各国が同意し、さらに、30キロ以上の成魚に関しても漁獲量が2002〜2004年の平均漁獲高を上回らないように努力することも合意された。

そして2014年11月、ＩＵＣＮ（国際自然保護連合）が公表したレッドリストで、太平洋クロマグロが絶滅危惧種に指定された。「アジアの消費」が名指しで懸念されたこともあって、太平洋のクロマグロ漁はいっそう厳しさを増すことは確実だ。

では、養殖はどうかということになるのだが、マグロの場合は完全養殖が非常に難しいために、「ヨコワ」と呼ばれる幼魚を捕獲して養殖場で育てるという方法がとられてきた。このことが天然の幼魚の数を減少させ、資源の激減に拍車をかけているのである。

この状況に光明が見えたのが、近畿大学水産研究所が2002年に成功させた「マグロの完全養殖」である。2015年1月には大手回転寿司チェーンが販売することが話題になった。

日本人は天然ものをありがたがるが、資源が枯渇しては元も子もない。近い将来、日本産の養殖マグロが世界中で食べられるようになる日が来るかもしれない。

ミネラルウォーター・炭酸飲料

原価を見てもわからない価格設定のナゾ

◆容器代が最も高いという清涼飲料水の原価

清涼飲料水市場の活況が続いている。２０１０年から４年連続で伸び続けているのである。

なかでも炭酸飲料は２００８年以降、清涼飲料水の中の項目別で常に１位をキープしており、２位の茶系飲料との差は開く一方である。

炭酸飲料の中でも断トツのシェアを誇るのがコカ・コーラだ。コカ・コーラの製法はトップシークレットとされており、ごく一部の関係者以外は知ることができないというのは有名な話だ。

製法が極秘中の極秘ということは、当然原価などは知る由もない。そこで、**一般的な炭酸飲料を考えてみると、原価は10円から30円程度**だといわれている。

●ミネラルウォーター類の流通量の推移

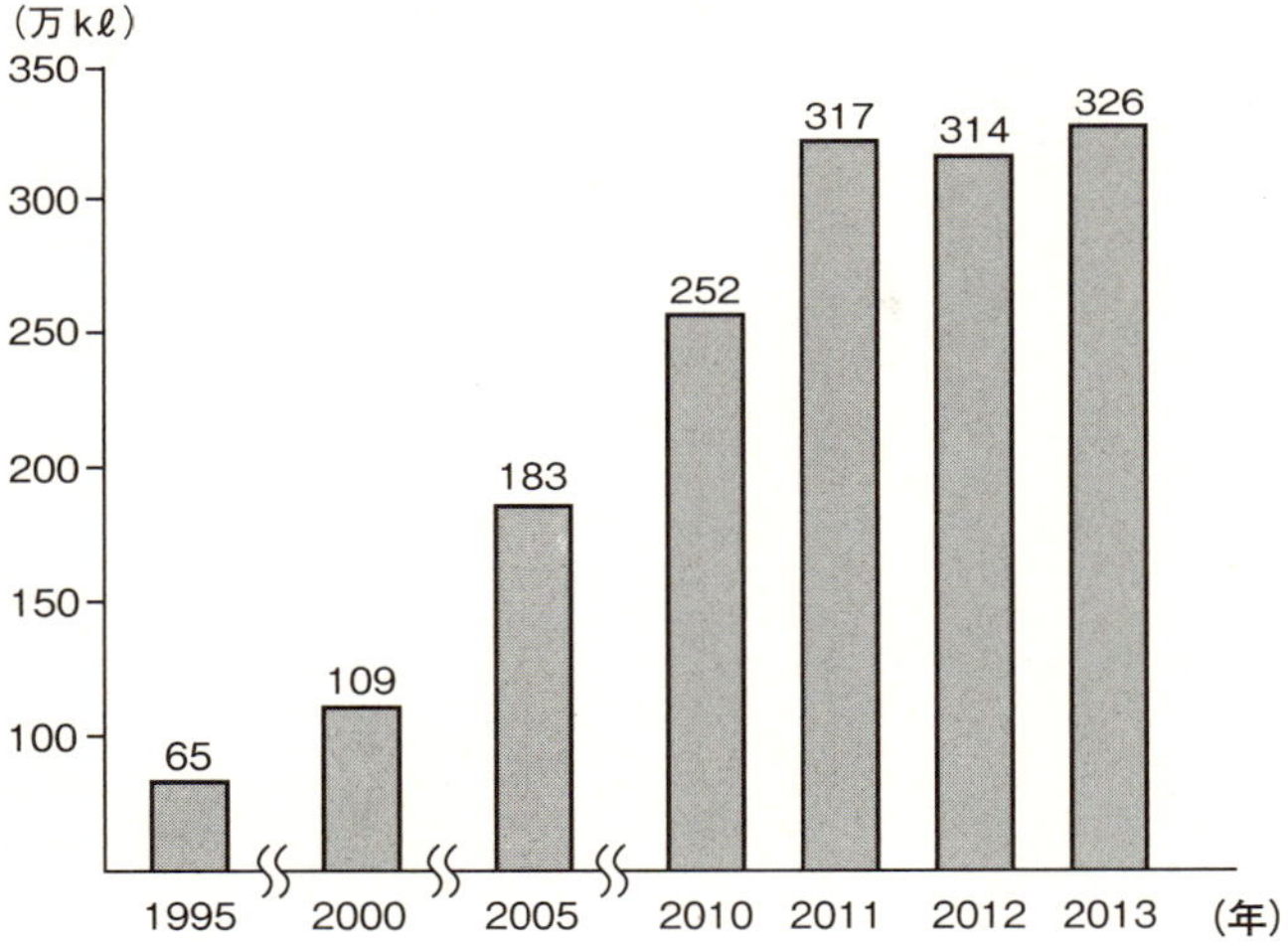

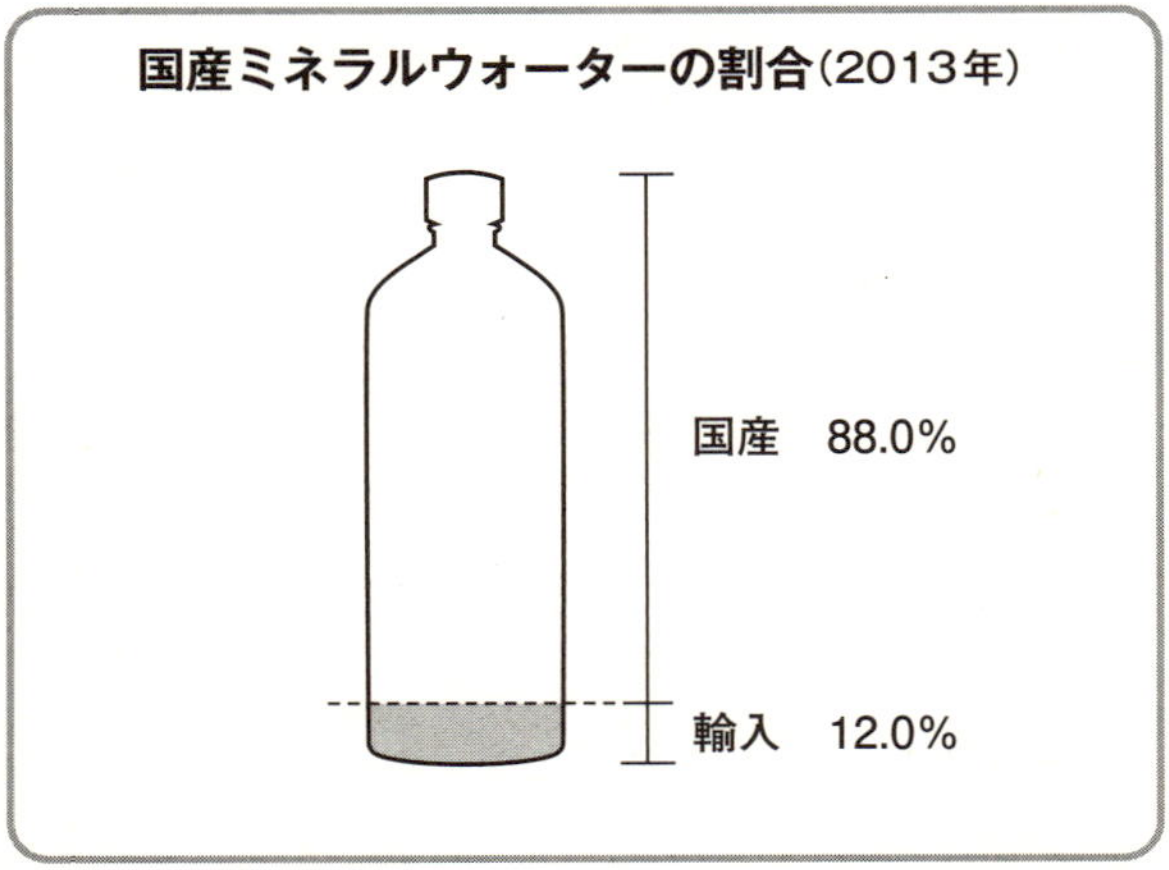

出典：財務省「貿易統計」

特に利益率が高いのは缶入りの炭酸飲料だ。缶入りの場合は生産効率がよく、箱詰めも容易なために、1本当たりの原価はぐっと抑えられる。

その中で最もコストがかかっているのは容器代だ。原価はスチール缶の場合で20円、アルミ缶で25円、ペットボトルは10円程度とされている。このことからも、清涼飲料水の中身の原価は微々たるものだということが推測される。

◆中身はタダ! のミネラルウォーター

その中身が〝ゼロ円〟なのが、清涼飲料水の品目別売り上げで2位の茶系飲料に僅差に迫る勢いをみせているミネラルウォーターだ。

「水と安全はタダ」というのはもはや過去の話で、日本でも飲料水としてミネラルウォーターを買うのが当たり前となった。「美味しさ」と「安心」を求める市場のニーズを受けて、ミネラルウォーターの市場は今もなお拡大の一途をたどっている。

その証拠に、2013年度の国民1人当たりのミネラルウォーターの消費量は年間25・6リットルで、これは1997年の6・3リットルに比べると実に4倍以上の伸びを示している。

日本国内で製造されているミネラルウォーターの原料となる「水」は、主に全国各地の湧水地で採水されている無料の水である。つまり、**ミネラルウォーターそのものは原価がかかっていない**のである。

採水やボトリング、包材などにかかるコストを考えても、ミネラルウォーターの原価は1本当たり50円程度になると推測される。もちろん輸送費などにも左右されるが、ミネラルウォーターの原価率は十分に低いといえるだろう。量販店などで格安のミネラルウォーターを販売しても、十分利益を上げることができるのである。

ただし、いくら激安のミネラルウォーターだとしても、水道水の割安感には遠く及ばない。地域によって多少差はあるものの、500ミリリットルペットボトルに換算すると水道水の場合は1円にも満たないのである。

中身に生産コストがかからないミネラルウォーターに、これだけ多くの消費者がお金を払っているのは、「安心と美味しさ」を求める消費者ニーズがかつてないほど高まっていることの表れといえるのである。

医薬品

「ジェネリック医薬品」の原価からわかること

◆薬の価格を下げたジェネリック医薬品

病院の薬は高いというイメージを崩したのが、同じ成分や効果効能をうたっているのに、その価格は最大で8割も安いというジェネリック医薬品である。

ジェネリック医薬品とは、新薬（先発医薬品）の特許が切れた後、その薬と同じ成分と効能をうたって市場に売り出される薬のことだ。正式には「後発医薬品」と呼ばれる。

一般的にいって、新薬の開発には10年以上の歳月と、数百億円ともいわれる莫大な開発費用がかかる。そのため、**新薬の価格のうち、原価、研究開発費、償却費で約50パーセントが占められている**。

開発後10年間は新薬を開発した製薬会社が独占的に製造・販売できるというルールがあり、そこで開発費用を回収できる仕組みになっている。その特許期間が過ぎて、他の製薬会社がまったく同じ成分や効能の薬を開発したものがジェネリック医薬品なのだ。

当然ながら成分の効果や安全性は実証済みであるために、承認にも時間はかからず、研究開発のためのコストも最小限ですむ。新薬を開発する力に乏しい製薬会社でも、すぐに売り出すことができるのである。

ところで、医薬品の価格を決定するのはメーカーではなく、厚生労働省だ。国内で販売されるすべての医薬品は厚生労働省の諮問機関《しもんきかん》である中央社会保険医療協議会の諮問を受けて決定されている。

ジェネリック医薬品の価格は、同じ成分の新薬の7割から6割と決められており、市場に出た後の薬価改正を受けてさらに価格が下がる。なかには新薬の2割程度で販売されるものもある。

◆ジェネリック医薬品が医療費増大の救世主となるか

2013年度の時点で、ジェネリック医薬品のシェアは46・9パーセントと、徐々にその市場を拡大している。厚生労働省は2018年3月末までにシェアを60パーセントまで引き上げるという目標を掲げている。

慢性疾患などで長期にわたって薬を服用する人や、年金暮らしの高齢者にとっては、同じ効果であれば薬の価格は少しでも安いほうがありがたい。加えて、行政サイドにとっては高齢化によって増大する一方の国民医療費の削減にも大きな役割を果たすと期待されているのだ。

そのため、**ジェネリック医薬品の薬剤価格を新薬の5割まで引き下げる**という案が厚生労働省によって検討されている。これが通れば、ジェネリック医薬品はさらに安く手に入るようになるだろう。

ただし、この原案には医師団体が〝物言い〟をつけており、性急なジェネリック医薬品の推進より、安全性の確保を求めているのだ。とはいえ、今後ジェネリック医薬品のシェアがますます拡大していくことは間違いのないところだ。

医薬品は健康を守るものである以上、品質を落として価格を下げるというのは本末転倒になる。一概に「安ければいい」とはならないだろうが、〝消費者〟としては安くて安全なジェネリック医薬品が増えることに期待したい。

テレビ
作るほど赤字になる!? メーカーが描く次の戦略とは？

◆液晶テレビの値崩れで時代は4Kテレビに

２０１５年1月にラスベガスで行われた世界最大級の家電見本市で各国の家電メーカーが競い合ったのが、４Kテレビの新製品である。

現在、日本の家庭では液晶やプラズマの薄型テレビが主流だ。しかし、薄型テレビは値崩れして久しく、安価な中国や韓国のメーカーの台頭や、地デジ移行需要期の反動もあり、一時は1インチ１０００円を切る商品も登場した。いかに生産ラインの外注や大量生産などでコストを抑えているとはいえ、これでは製造すればするほど赤字になる。

そこで各メーカーが力を入れているのが、４Kテレビなのだ。

４Kテレビとは、高画質とされるフルハイビジョンテレビよりもさらに4倍の画素数を実現した高品質テレビのことである。今のところ、**液晶テレビ全体の平均単価6万450**

0円に対し、4Kテレビは23万2600円と3倍以上の価格差を維持している。

とはいえ、4Kテレビの市場でも、中韓メーカーの勢いが増してきた。その結果、液晶テレビで起きた値崩れの構図の二の舞になるのではと危惧する向きもある。

国内のメーカーでトップを走るのはソニーだが、韓国のサムスンが世界市場で安価を武器に攻勢をかけ、欧米25か国でソニーを抜いてトップに立っている。

現在4Kテレビで売れ行きが好調なのは、小型化されたモデルだ。55型以上の大画面が主流だったが、ソニーが49型、東芝が40型と小型モデルを発売し、4Kテレビの普及を図っていくことになる。さらに、シャープは4Kよりさらに4倍も画素数が多い8Kテレビの発売を発表、ソニーやパナソニックもスマホのように使えるテレビを発表するなど、高品質・高機能路線が続いている。

総務省のデータによれば、2013年には約27万台だった4Kテレビの国内の出荷台数は、2018年には518万台まで伸びる予測だという。

気になる価格も1インチ5000円を切る機種も増えており、家庭でも4Kテレビを楽しめる日もそれほど遠くはないかもしれない。

激安一戸建て住宅

1000万円を切るマイホームはなぜ可能なのか

◆注意点はあっても安さというメリットは変わらない

低価格競争もここまできたかとの感があるのが、1000万円を切った激安一戸建て住宅である。

ひと昔前なら事故物件か訳あり住宅、もしくは粗悪な詐欺まがいの欠陥住宅に違いないと思われるのだろうが、最近の激安一戸建てはれっきとしたハウスメーカーが手がけているものなのだ。しかも、1社、2社という限られた業者ではなく、多くのハウスメーカーがこぞって激安一戸建てを販売している。

建物だけなら数百万で建つという触れ込みの激安一戸建て住宅だが、いったいどうすればそんな価格が成り立つのだろうか。

住宅を建設する際にかかる費用は、建物本体価格に電気・ガス・水道、浄化槽、駐車場や外溝にかかる別途工事費、そして登記代や税金などの諸費用で構成されている。

激安一戸建てがうたっているのは、建物本体価格の部分である。この価格を下げるために、多くのハウスメーカーが次のような方法をとっているようだ。

まず、**間取りを限定し、建材の規格を統一してコストを下げる。さらに、外観などは極力シンプルにしてデザイン費を抑え、施工性を高め、建材を自社工場で一括してカットしたり大量に発注することにより、作業の効率を高めている**のだ。

ローコストというのが最大のメリットだが、一方で**間取りの変更がきかないとかオプション費がかさむ**といった注意点もある。外溝や駐車場などの費用も別にかかることが多いので、実際は表示されている価格よりも費用がかかるケースが多いという。

とはいえ、「安さ」というメリットは変わらないだろう。金銭的にはちょっと高い新車を購入する感覚で一戸建てが手に入るのだ。

お金をかけてこだわりの家を手に入れるもよし、あるいはシンプルに徹して手軽に一戸建てを手に入れるもよしという時代だ。いずれにしても大きな買い物であることは間違いない。何を最優先するかは消費者しだいということである。

第3章

原価でわかる日本の「今」と「これから」

電車の運賃

民営なのに、自社で運賃の設定ができない理由

◆運賃の原価はヤードスティック方式で決められる

多くの人が利用しているJR運賃が、2014年4月の消費税の増税を機に値上がりした。初乗り運賃の値上げは、1987年の民営化以降はじめてのことだ。

JRはそれまでの国営企業が民営化して誕生した民営会社ではあるが、一般の企業のように運賃の額は自社で勝手に決められない。運賃を値上げする際には国土交通省の認可が必要になるのだ。

たとえば、収益を上げるために運賃の値上げを検討しても、その額が国土交通省が算出した総括原価を超えていたら認可されないのである。

総括原価は、「営業費等+事業報酬」で決められ、このうちの「営業費等」の上限はヤードスティック方式で算出される。ヤードスティック方式とは、複数の事業者のコストを

● **JRの営業収益**(JR東日本/2014年3月期)

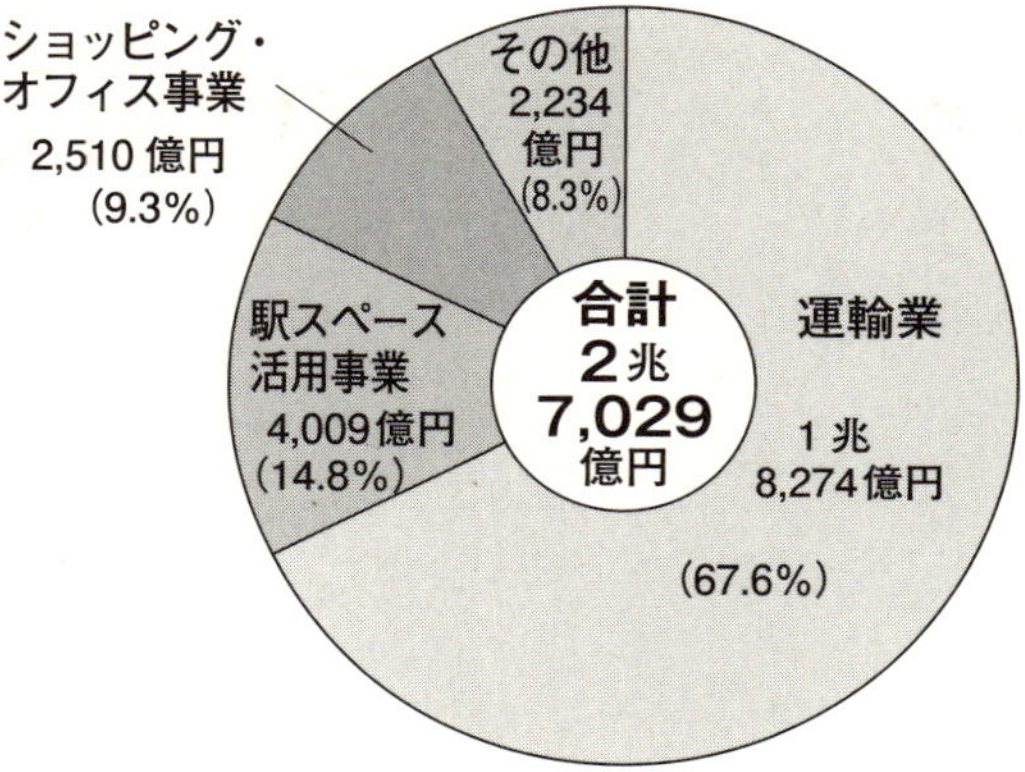

出典：JR東日本決算資料より

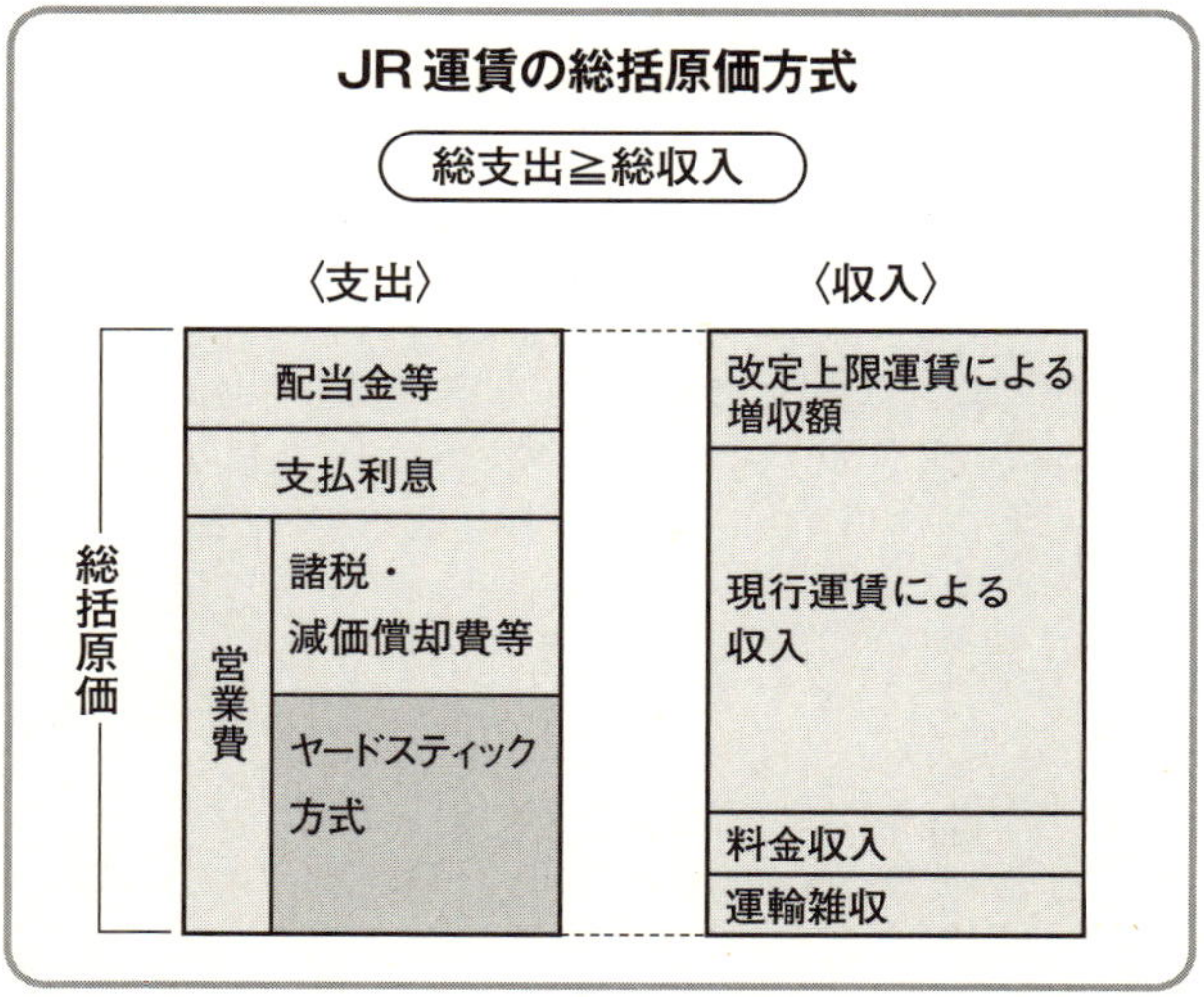

出典：内閣府 消費者委員会「参考資料」

比較して適性コストを割り出し、この適性コストをもとに決められた額である。

ＪＲの運賃の場合は、全国の**ＪＲ旅客会社6社と大手鉄道会社15社、地下鉄事業者10社の合計31社のコストを比較して算出**されている。この**適性コストがいわばＪＲ運賃の原価**なのである。

◆人口減のリスクを多角化経営で補う

運賃の値上げに国土交通省の認可が必要なＪＲが、鉄道事業そのもので収益を上げるためには利用客を増やすしかない。ただ、日本の人口は年々減少していて、なかでも現役世代が少なくなっている。そのため、ＪＲ各社は多角化経営で収益アップを図っているのだ。

たとえば、ＪＲ西日本の２０１４年3月期の営業利益は１３４５億円だが、そのうち**本業の運輸収入は９１０億円で、残りの３００億円あまりを流通業と不動産業の収入が占めている。**

ＪＲ東日本でも駅ナカ店舗を充実させたり、ＩＣカードの「スイカ」の利用者と加盟店を増やすことにより、運賃収入以外の収益アップを図っているのである。

医療費
じつは、医療費の内訳はこうなっている！

◆手術にかかる費用の多くは医師の人件費

日本は健康保険皆制度を採用しているので、保険が適用される治療の場合、医療費の窓口請求額は実際にかかった治療費の3割である。

たとえば、盲腸の手術をして1週間入院した場合、窓口で支払うのは9万円程度になる。もしも保険に入っていなければ、自己負担額は30万円弱になる計算だ。

この30万円に含まれているのは、手術費用が約10万円、検査費や注射、麻酔費として10万円、その他に入院中の部屋代や食事代、投薬代として10万円ほどがかかってくる。

しかも、この中には人件費と薬品代、医療機器の原価償却費などが含まれていて、その中で**最も高いのが人件費**だ。たとえば手術には執刀医だけでなく、助手や看護師、麻酔医などが必要になる。このようなスタッフの人件費は原価計算では時給で換算される。そのため、長時間を要する手術などは原価が高くなってしまうのだ。

◆高収入ながら疲弊する医師

手術代の多くが人件費などというと、医者は儲けすぎだと思うかもしれないが、2009年の厚生労働省の医療経済実態調査によると、**病院勤務医の平均年収は1415万円、開業医の場合は約1・7倍の2804万円**と、平均すればかなりの高所得であることは間違いない。

しかし、高齢者が増えるなか、勤務医の労働条件は過重労働だといわれ、開業医に至っては勤務時間が不規則なうえ責任も重い。医療訴訟も増えていて、かなり疲弊しているといわれている。一般の会社員などと比べて年収が高くても、一概に〝暮らしが豊か〟とはいえないのが現状なのだ。

また、医療費が財政を圧迫していることも日本社会全体を巻き込む大きな問題となっている。政府は社会保障制度を維持していくために、医療費の削減や国民の負担増などの策を講じようとしているが、抜本的な解決策がないのが現実なのである。

結婚費用

結婚式、披露宴…結婚費用の意外すぎる内訳

◆少子化で婚姻数は減少している

厚生労働省の「人口動態統計」によると、2013年には66万3000組のカップルが結婚している。

少子化で人口そのものが減っているので、年間の婚姻数は2000年に比べて13万組近くも減少しており、しかもそのうちの約50パーセントが「ナシ婚」、いわゆる結婚式を挙げないカップルが半数にものぼるのだ。

しかし、1組のカップルが挙式・披露宴にかける平均費用は年々増加していて、2005年の調査では平均で291・1万円だったのが、2012年は約354・9万円となっている。じつに63万円もアップしているのだ。

ところで、結婚・披露宴の費用の中で、最も高い割合を占めるのが、招待客の飲食代と

新郎新婦の衣装代だが、その原価はどれくらいになるのだろうか。

披露宴の料理の相場は1人当たり1万～1万5000円程度だが、あらかじめ人数が決まっているうえに、数十人単位で大量に材料を仕入れることができるので原価率を下げることができる。

一般的に**飲食店の原価率は30パーセント前後といわれているが、結婚式場やホテルなどではそれ以下に抑えることも可能**なのだ。

また衣装のレンタル料は、新婦が30万円、新郎は10万円くらいが相場だが、これは衣装の購入額の半額くらいに設定されていることが多い。

つまり、レンタル料が30万円のドレスなら、式場は60万円くらいで購入しているということだ。この金額設定なら2回レンタルされればモトがとれることになるのだ。

◆式と披露宴の原価率は約50パーセント

料理と衣装以外にも、結婚・披露宴にはさまざまな費用がかかってくる。たとえば、挙式料や披露宴会場のテーブルを飾る生花、招待状、列席者への引き出物、ビデオや写真の

● 全国の結婚式場の年間売上高と内訳(2013年)

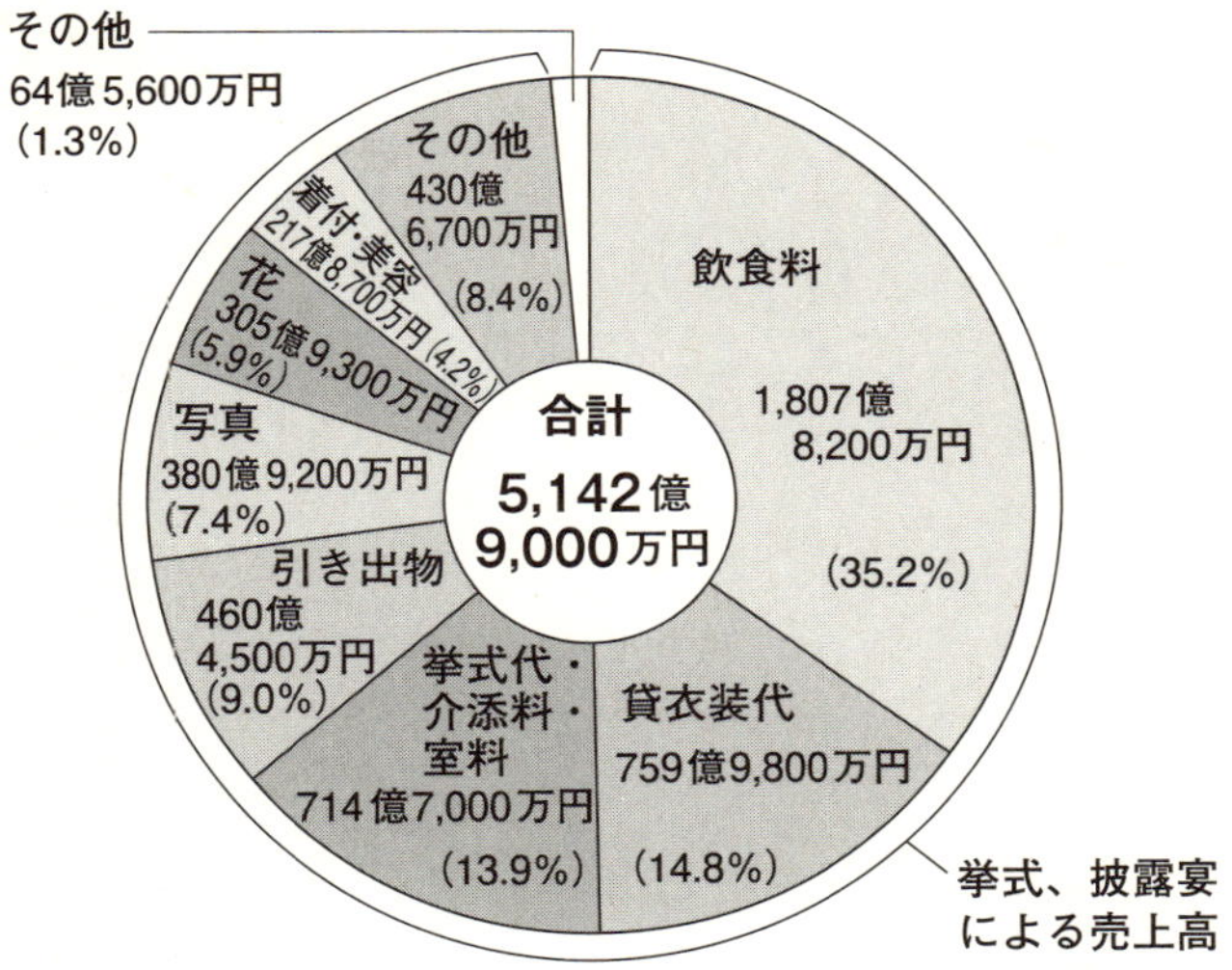

出典：経済産業省「特定サービス産業実態調査」

● 国内の婚姻数の推移

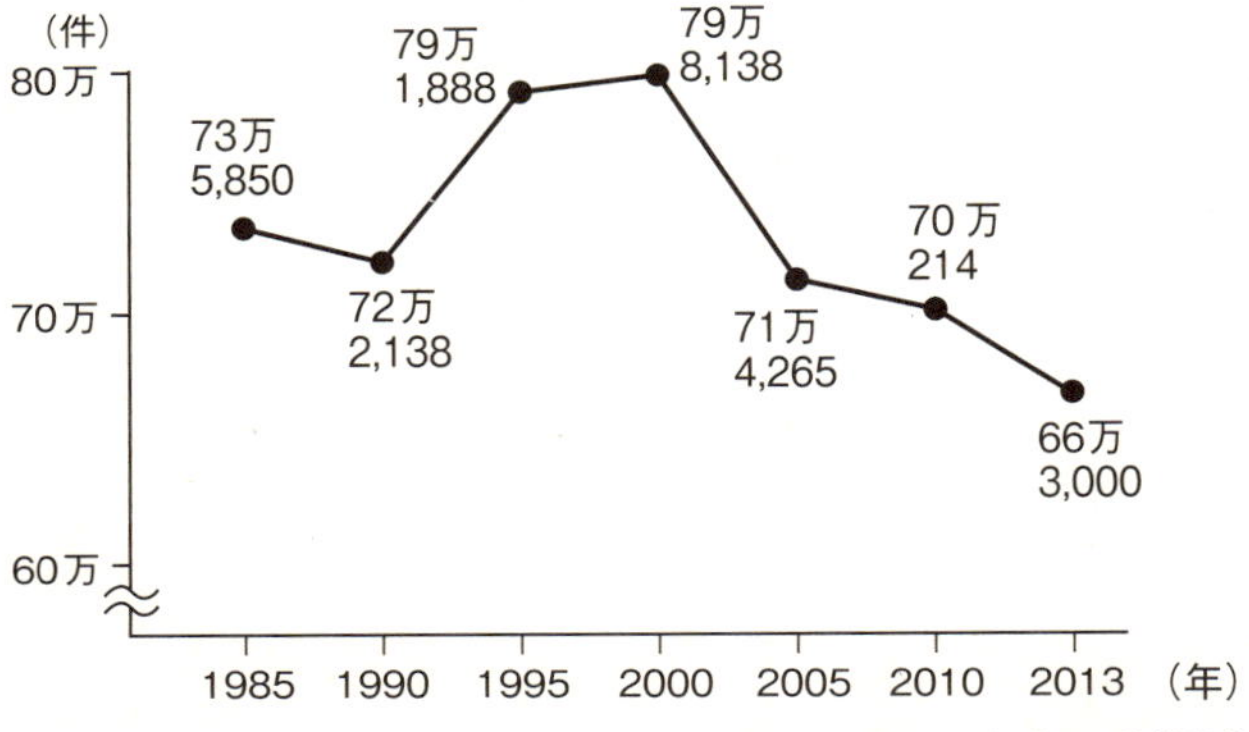

出典：厚生労働省「人口動態調査」

撮影費、プロの司会者を頼む場合ももちろん費用がかかってくる。

では、こうした**結婚・披露宴全体の原価率はというと、だいたい50パーセントくらい**になるという。残りの50パーセントは人件費や設備費、式場本体の利益になる。

これを高いと思うか、安いと思うかは、新郎新婦の満足度にかかってくるところが大きい。特に披露宴は招待客に楽しんでもらうための雰囲気づくりなども大切になってくるので、それらを盛り上げるためのノウハウを買うと思えばある意味、必要経費なのかもしれない。

ニーズが多様化している影響か、最近では画一的なイメージのホテルウェディングを選ぶカップルは減少していて、専門式場が最も選ばれている。

また、より自分らしさを演出したいカップルにはハウスウェディングも人気だ。これは、邸宅を貸し切って結婚式と披露宴を行うもので、アットホームな雰囲気を演出できるのが人気の秘密だという。

人口減少の時代を迎えている今、ナシ婚を減らし、結婚・披露宴を挙げるカップルを増やすためには、式場側のますますの進化が求められるのかもしれない。

葬儀費用

他業種の参入が業界を揺るがす事態になったのは？

◆葬儀費用は全国平均200万円

厚生労働省が毎年発表している「人口動態統計」によると、日本での年間の死者数は２００３年に１００万人を超え、２０１３年は約１２７万人と年々増加している。それにともなって増えたのが、今や７０００社にものぼるという葬儀社だ。

日本消費者協会が２０１３年に実施した調査によると、葬儀費用の全国平均は総額で２００万円ほど。そのうち、寺へのお布施や参列者への飲食代、斎場の使用料などを除いたものが葬儀社への支払いになる。

葬儀社が用意するものは、祭壇や棺桶、盛籠《もりかご》、献花、返礼品、霊柩車、マイクロバス、受付に必要な備品などの葬儀用品一式だ。これらにかかる金額は平均にすると１２０万円程度である。

その内訳の目安は、祭壇が40万円、棺桶が10万円、遺影写真3万円、返礼品と献花が各8万円、さらに霊柩車とマイクロバスは搬送費を含めて10万円、式場使用料が10万円と、それに諸経費がかかる。

だがその原価はというと、たとえば40万円の祭壇にかかるのは基本的に生花代のみなので約5万、10万円の棺桶は2～3万円、3万円の遺影写真も5000円程度である。**葬儀社の直接原価は一般に20パーセント前後**といわれているが、たしかに、かなり高収益なことがわかる。

◆異業種からの参入で葬儀業界に競争の原理が働いた?

葬儀業は役所の許認可などの必要がないことから、異業種からの新規参入も増えている。なかでも最も話題を集めたのが2009年の流通大手の「イオン」の参入で、これを機に消費者の葬儀への関心が一気に高まった。

イオンが始めたのは、提携する各地の葬儀社を紹介するというサービスで、一番の特徴は葬儀費用の内訳を細かく明文化し、追加料金を不要にしたたところだ。

●葬儀費用の推移（全国平均）

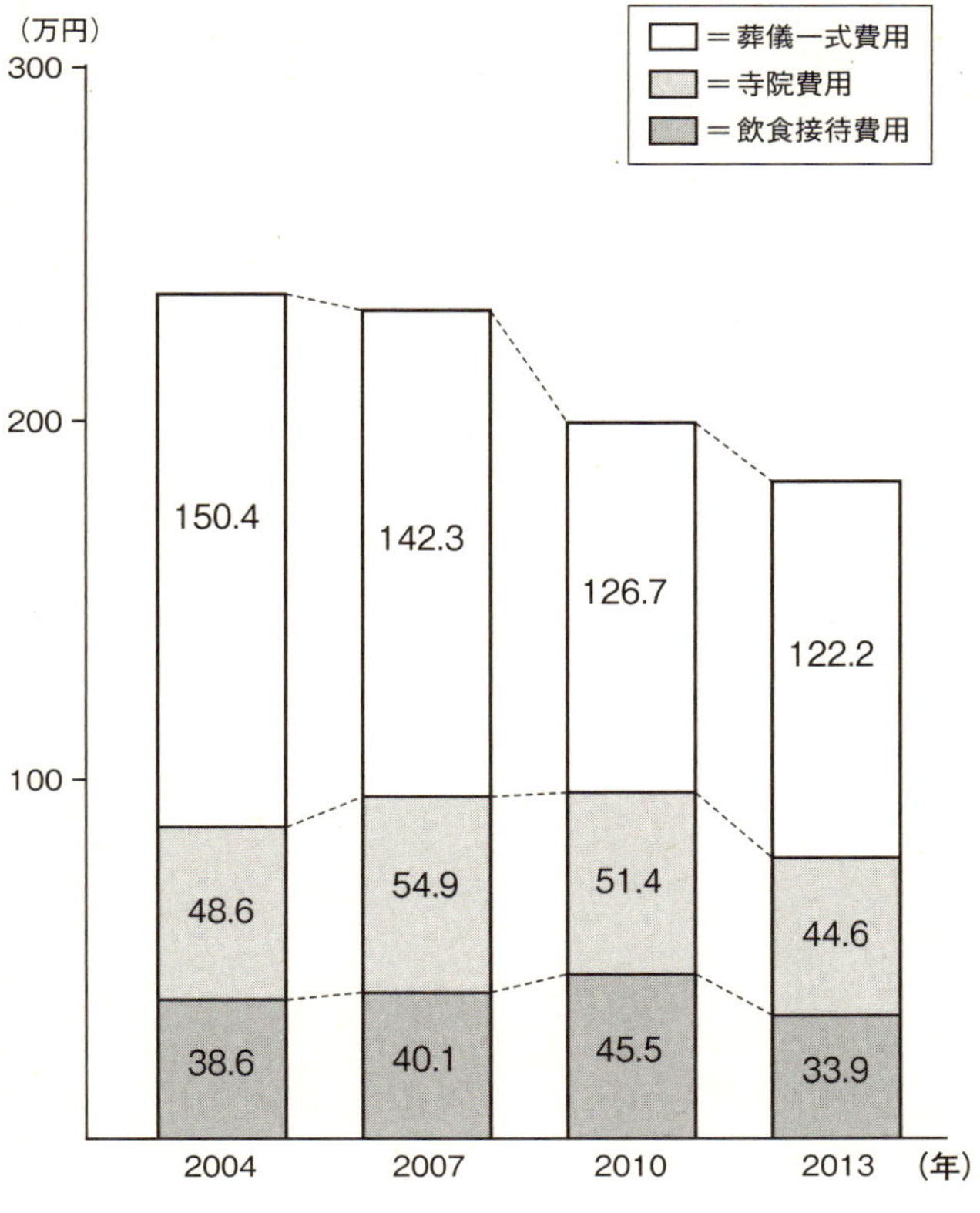

出典：財団法人 日本消費者協会「葬儀についてのアンケート調査」より

実際、業者と葬儀の準備を進めるうちに、祭壇や棺桶などのグレードアップを勧められ、最終的には最初に申し込んだ基本プランの何倍もの料金がかかってしまったなどという例も少なくない。

そこで、イオンなどの新規参入組はお寺に納めるお布施や戒名代なども、お勤めの日数によって金額を明確にしている。このような不透明な葬儀費用をオープンにすることで、急成長を遂げるベンチャー企業も現れているのだ。

また、価格の透明性と生前に本人が予約できるサービスなどを取り入れた外資系企業も参入している。

日本の年間死者数は2040年にピークを迎え、その数は今よりも40万人多い160万人あまりにのぼるという。単純計算すれば、1日平均4400件近い葬儀が営まれるようになる計算だ。

高齢化を背景に、これから先30年は成長し続けると予測されている葬儀業界だが、**ベンチャーの参入によって企業の競争力が高まり、今後ますますコストダウンが進んでいく**かもしれない。

ファストファッション

ファッション性と安さをどう両立させている?

◆流行のジャケットやコートが5000円台で買える時代

ファストファッションとは、流行の衣服を低価格で生産・販売する形態のアパレルブランドのことをいうが、短いサイクルで新しいデザインのものを投入することで大量消費につなげている。安くて早いファストフードになぞらえてこう呼ばれるようになった。

日本でファストファッションという言葉が盛んに聞かれるようになったのは、2008年頃からだ。この年にスウェーデンのアパレルメーカー「H&M」が銀座に日本第1号店をオープンさせ、翌年2009年にはアメリカの「フォーエバー21」が原宿に初出店して話題になった。

これらの店が驚きをもって迎えられたのは、そこで売られている商品のファッション性が高いのに、驚くほど値段が安いからだ。

ジャケットやコートが５０００円台から、シャツなら１５００円程度、ワンピースも３０００円あれば最新トレンドのものが手に入る。**このような低価格を実現させたのが、SPA方式（製造小売業）という形態**だ。

◆ユニクロの原価率は50パーセント

ＳＰＡ方式は、ひとつの企業が素材の調達から商品の製造、販売までを一貫して手掛けるというもので、流通コストなどを省ける分、商品を安く提供できる。

従来のようにデザイナーがデザインした服をメーカーが作り、それを百貨店などで販売すると原価は小売価格のわずか18パーセントほどになる。つまり、１万円で売られている服の製造原価は、わずか１８００円でしかないのだ。

だが、ファストファッションは経費を抑えられている分、原価率は高くなる。国内最大規模のファストファッションブランドである「ユニクロ」に至っては原価率は平均50パーセントだという。つまり、**小売価格３０００円の服の製造原価は１５００円ということになる**のだ。

●SPA方式と従来の業態の流通

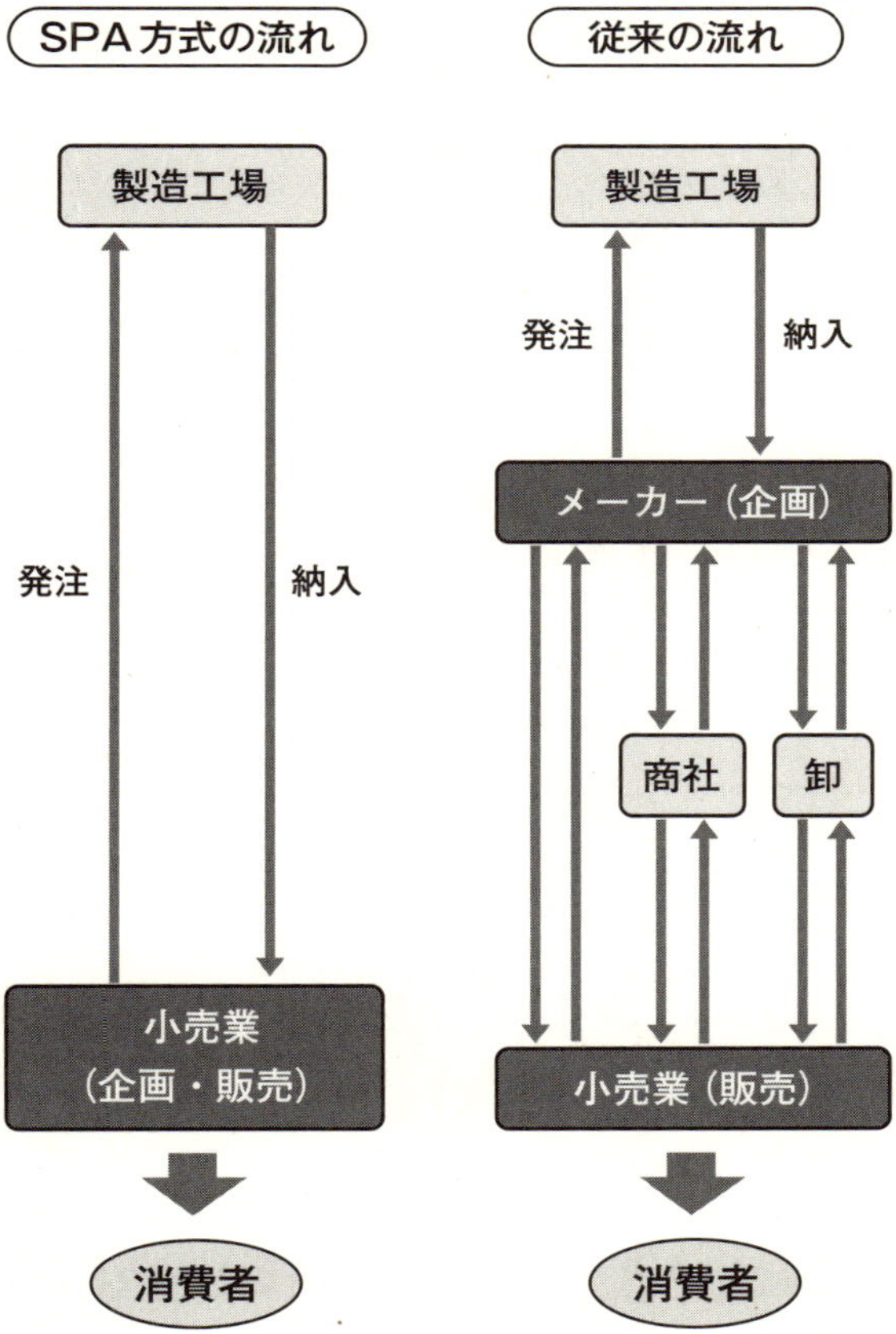

墓

ウン百万円かけた霊園から、マンションタイプまで

◆墓の値段は「永代使用料」＋「墓石費」で決まる

少子高齢化の今、子供に迷惑をかけたくないからと、生きているうちに自分の墓を用意しておく人も珍しくなくなっている。そこで気になるのが墓の値段だ。一般の墓の値段というのは、霊園の使用料である「永代使用料」と「墓石費」を合わせたものである。

まず永代使用料だが、地域によって土地の価格に差があるので、どこに墓を建てるかによって金額はかなり違ってくる。

たとえば、東京郊外にある寺院墓地なら約1・4平米で永代使用料は100万円程度だが、都心にある〝ブランド墓地〟になると1・6平米で約430万円になる。ここに購入した墓石を建てるわけだが、そこでまず必要になるのが石材である。墓石に使われる石は御影石が多く、石と加工費で100万円くらいから、高級なものは200万円以上かかる。

さらに、霊園に設置するためには基礎工事が必要になり、また最近では耐震工事が施されることもある。これらの工事費にも20～30万円かかるため、**墓を建てるのには少なくとも200万円以上は必要になる**とみておいたほうがいい。

◆墓石の原価は10～15パーセント

世間では一般に「墓は安くない」という認識が広まっているせいか、200万円というのは何となく納得できる額ではあるが、原価を知るとそうともいっていられないかもしれない。何しろ**墓石の原材料費は10～15パーセント**といわれているからだ。

たとえば、20～30万円程度の石材ならば、これに加工費や霊園の開発費、寺院などへの手数料、利益などが上乗せされて200万円以上という数字になるのである。

とはいえ、こういった墓は必ずしも建てなければならないというものでもない。最近ではロッカーやマンション型の納骨堂も増えている。

いずれにせよ、自分がこの世を去った後のことにどこまでお金をかけるかは、その人の人生観や死生観によって大きく変わることになるのだろう。

生命保険

結局、生命保険に入るのは得か損か

◆生命保険にも原価がある

結婚して家族ができると生命保険に入る人が増える。ただ、いざ保険に入ろうとして気になるのが、毎月の保険料が案外高いことだ。

あまり知られていないが、生命保険の保険料にも原価がある。その原価とは、**「保険の契約者が死亡した場合に実際に支払われる額」**である。たとえば、１０００人が６０００万円の死亡保障の生命保険に入ったとしよう。

そのうちの2人が1年後に死亡した場合、保険会社は1億２０００万円の支払いが必要になる。１億２０００万円なら、単純に１０００人の契約者全員が年間12万円の保険料を払うことでカバーできる。

この年間12万円を12カ月で割ると、１カ月の保険料は1万円になる計算になるのだ。

● 生命保険大手４社の保険料収入の比較（2013年度）

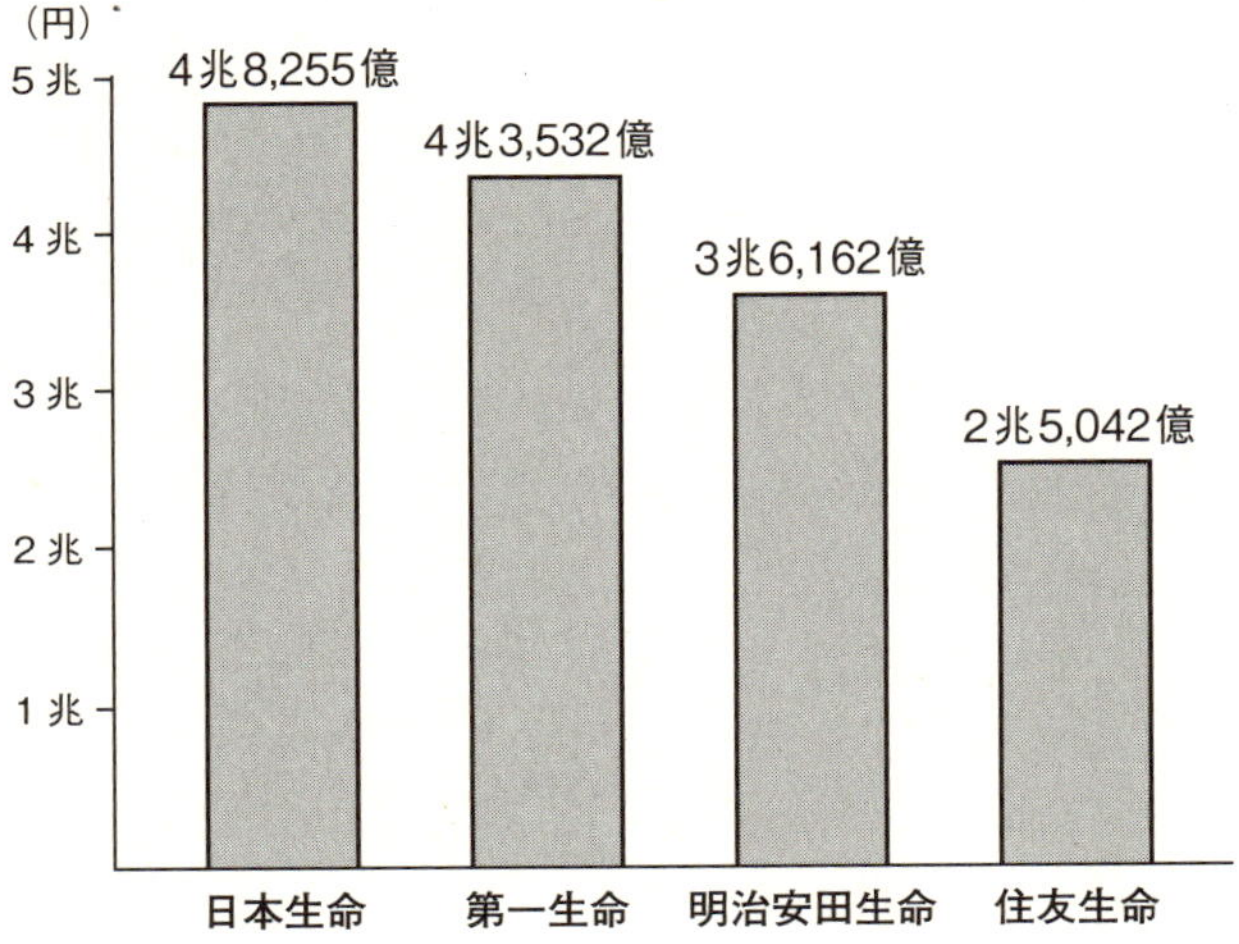

出典：各社決算資料より

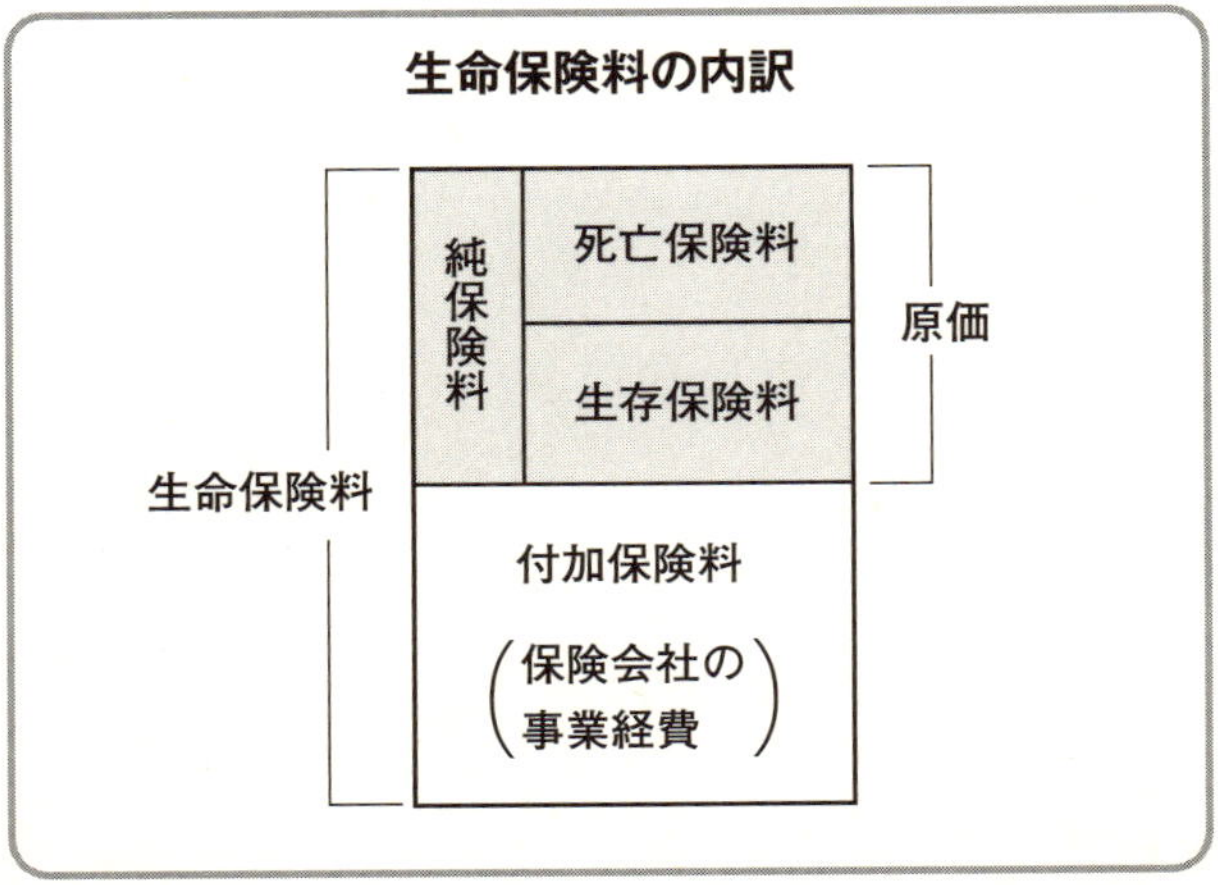

◆保険料の内訳は「原価＋経費」

ただし、これはあくまでも原価の話であって、保険会社にとって生命保険はれっきとした商品である。

ほかの小売店と同じように商品価格に経費を乗せなければ、会社を運営していくことはできないのである。

そこで、いわゆる生保レディといわれる営業担当者の人件費や全国の営業所の家賃、広告費などが上乗せされることになる。原価にこうした経費がプラスされて、生命保険の保険料は決められているのである。

こうして算出される保険料は保険会社によって異なるが、**だいたい原価は4割程度**になる。つまり、6割は保険会社の経費なのである。

そこで、2008年に登場したのがネット型の生命保険だ。この保険は自らインターネットで加入手続きを行うので、大量の営業担当者を抱える必要がない。そのため、経費を抑えて保険料が安い保険を提供できるのだ。

100円ショップ
海外の観光客も熱狂する品揃えと価格設定の魔法

◆粗利ミックスによってトータルで利益を上げる

とにかく品揃えが豊富で安い100円ショップには、「こんなものまで100円!?」と驚くような商品が売られていたりする。その代表格がインスタント食品やペットボトル飲料だ。

このようなスーパーなどではどれだけ安売りされていても108円にはならないようなメーカー品が均一価格で売られているのを発見できるのも、100円ショップの魅力のひとつといえるだろう。

100円ショップの原価率は、平均50パーセントだといわれる。つまり、1点売れれば50円の儲けになる。

だが、それはあくまでも平均であって、すべての商品に当てはまるものではない。そこで、100円ショップなどの単一価格の店では、「粗利ミックス」という方法で利益を出しているのだ。

◆原価割れ覚悟の商品は客寄せアイテム

粗利ミックスとは、利益率の違う商品を組み合わせて販売することによって、全体として一定の利益を上げるという考え方だ。

誰もが価格を知っている有名メーカーの商品を原価割れ覚悟で100円で売ることで、消費者に「お買い得だ」と思わせることができる。それによって集客率を上げようというのが狙いだ。

さらに、来店したお客は当初の目的がインスタント食品だったとしても、あの大量の品揃えを見れば店内を物色してみたくなるものだ。どれを買っても100円となると、つい〝ついで買い〟してしまいたくもなる。

その、ついで買いされた商品の原価がたとえば10円だったとしたら、**原価割れ覚悟のメーカー品の欠損も相殺される。つまり、総売り上げの中で利益を出しているのである。**

ファミレス
お客が知らない「ドリンク・バー」の損得勘定とは?

◆料理の原価は30パーセントが目安

レストランというとイタリアンや和食、中華などと料理のジャンルが決まっていたりするものだが、ファミレスでは和洋中さまざまなメニューが揃う。大人数でもみんなが好きなものを食べられるうえ、飲み物はドリンクバーだからお得という人が多い。

最近では、原価率が60~70パーセント以上という高さをウリにする立ち食いスタイルのレストランも登場しているが、普通の**飲食店の料理の原価率というと30パーセント**が目安になる。ファミレスの料理の原価率もステーキなどは多少高くなるというが、平均すれば30パーセント程度だろう。

では、飲み放題でお得だと人気のドリンクバーはどうだろうか。ドリンクバーの値段は単品なら税込みで300~400円程度だ。世界的なチェーンのカフェなら1杯でこの値段を軽く超えるのだから、たしかにお得感は大きい。

◆ドリンクバーは集客メニュー&高収益商品

ドリンクバーのメニューは、だいたいどこの店でも大手メーカーの清涼飲料や炭酸飲料、お茶、コーヒーやカフェラテなどが用意されている。

しかし、これらの原価は料理とは比べ物にならないほど安く、炭酸系のジュースや清涼飲料は5円、紅茶やハーブティーは10～20円程度だという。たしかに、清涼飲料などはマシンにグラスを置くと、原液と水が同時にグラスに注入される。この原液がいわば原価のすべてといってもいいのである。

そのため、**300円のドリンクバーを注文して炭酸ジュースとウーロン茶、ハーブティーを飲んだとしても、原価は20～25円程度**でしかない。しかも、ドリンクバーはお客が自ら注ぎに行くのでホールスタッフの人件費も計上することなく、料理のように仕入れにおけるロスもない。ドリンクバーは集客メニューでありながら、しっかりと稼いでくれる商品でもあるのだ。

第4章

経済の「ウラの仕組み」が見える原価の秘密

大豆

味噌、豆腐、油揚げ…伝統食の値段はこう決まる！

◆輸入大豆価格の低下で大豆製品が安くなる⁉

大豆は日本の伝統食のひとつだ。大豆を加工した食品の味噌、豆腐、油揚げ、納豆などは、毎日食べないと気がすまないといった人も多いのではないだろうか。

その大豆加工製品は、昔から日本人に食べられている伝統食であるためにシンプルな材料で作られるものが多い。

たとえば豆腐の原材料は、大豆、にがり、水で、原価はほとんどが大豆で占められている。一般的な国産大豆を使用した**豆腐の製造原価率は約20パーセント**で、そのうちの約7割が大豆を仕入れる時の費用だ。つまり、大豆の価格そのものがダイレクトに大豆加工食品の価格に影響してくるのである。

大豆は日本食には欠かせない食材であるにもかかわらず、自給率は驚くほど低い。

●大豆の国際価格の推移

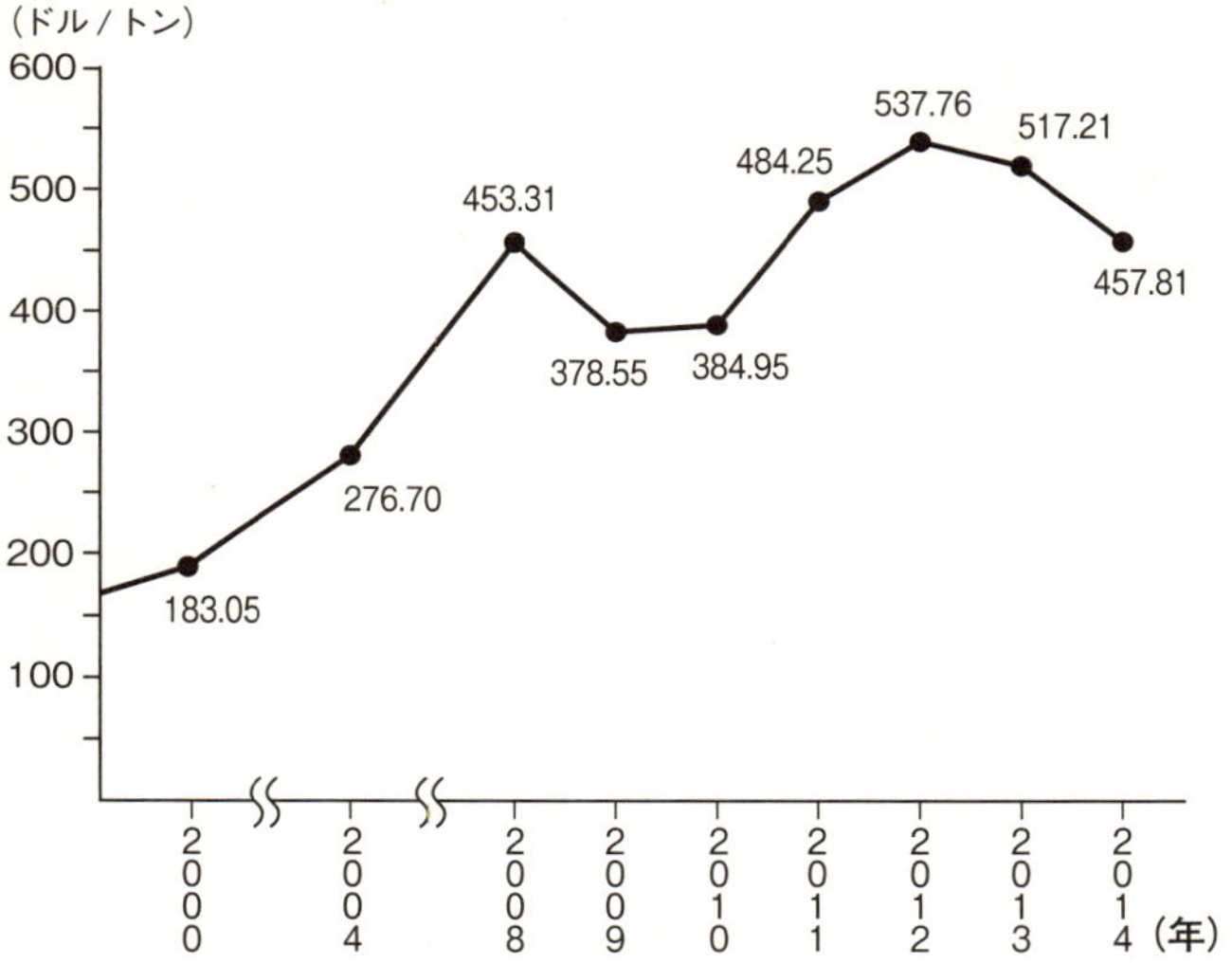

出典：IMF「Primary Commodity Prices」

●大豆の年間需要量（2012年）

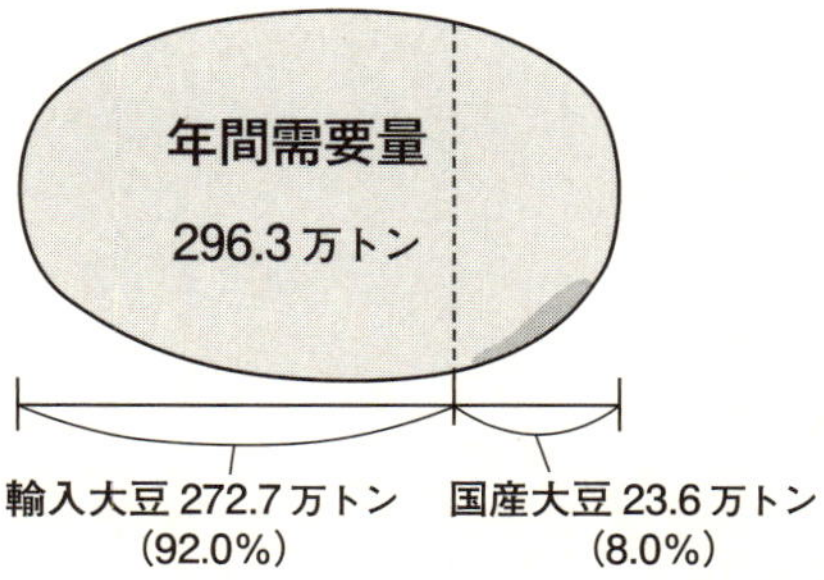

出典：農林水産省「大豆のホームページ」

農林水産省の調査によれば、2013年度の大豆の自給率は8パーセントで、食用に限った場合でも25パーセントに過ぎない。その輸入先は、アメリカ、ブラジル、カナダなどだが、最大の輸入国だったアメリカからの輸入は近年減少傾向にあり、ブラジルからの輸入が増加している。

そんな食用の大豆の7割以上を占める輸入大豆の価格は、国内の大豆製品の価格の大勢を左右する。たとえば2011年以来、大豆の価格は1トン当たり500USドル前後と高値が続いていたが、14年度の下半期あたりから一気に値を下げている。2014年12月の時点では1トン当たり378・78USドルとなった。

これは、産出国であるアメリカで作付面積が1割程度増えたうえ、歴史的な豊作となっていることや、年末から作付が始まる南米での作付面積が増えるという見通しも影響しているという。

国際取引の性質上、為替レートにも左右されることから、円安が進むと必ずしも国内で販売される大豆や大豆加工食品の価格が下がるとはいかないが、食品や日用品の相次ぐ値上げのなか、消費者にとって嬉しいニュースには違いない。

たばこ

欧米並みの「1箱1000円時代」が到来!?

◆大幅値上げの裏側で…

２０１４年に施行された消費税の増税で、たばこの価格も当然値上がりした。たとえばJTのセブンスターやフィリップモリスのマルボロが４４０円から４６０円になるなど、軒並み10円から20円の値上げとなっている。

しかし、消費税が値上げされる４年も前に、たばこの値段は一気に跳ね上がっているのである。２０１０年に行われたたばこ税の増税の際、たばこは１箱当たり１００円～１４０円と大幅に値上がりしたのだ。

そうはいっても、世界的にみるとまだまだ日本のたばこは格安といっていい。ノルウェーやアイルランド、オーストラリアなどでは１箱１０００円以上、イギリスやフランスでも７００～８００円、アメリカは州によってばらつきがあるものの、ニューヨークでは１

000円以上もするのである。

たばこにこれだけ価格の差が生まれるのは、**たばこの価格のほとんどが税金で構成されている**からだ。国策として禁煙を推し進めている国であるほど、たばこにかけられる税率は高い。ヨーロッパやオーストラリアなどは喫煙に対する規制が厳しく、それが高額のたばこ税といった形で反映されているのだ。

日本の場合はどうかといえば、1箱20本入り430円の商品を例に挙げて計算すると、国税が106・04円、地方税が122・44円、たばこ特別税が16・4円、消費税が31・85円で、税金の合計は276・73円になる。本体価格は430円だから、実に64・4パーセントが税金なのである。

2015年の税制改革では、たばこ税の増税はとりあえず見送られた。しかし、国際的な禁煙政策の流れに加え、税収の切り札としての政府の思惑を考えれば今後もたばこの価格は上がっていくだろう。

欧米並みの「1箱1000円」時代の到来を前に、今度こそ禁煙するかどうか、愛煙家にとっては悩ましいところである。

●たばこ1箱あたりの原価と税負担

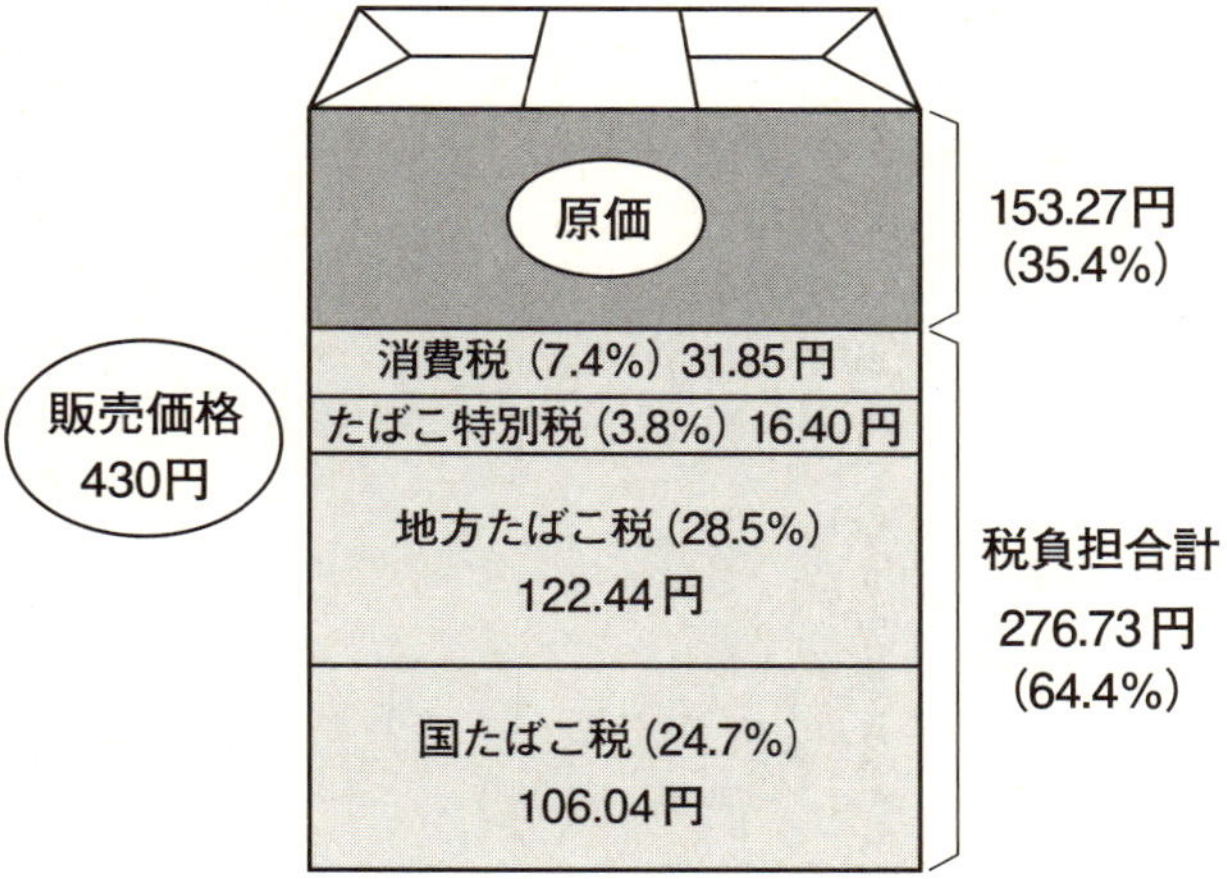

●たばこの販売数量と販売代金の推移

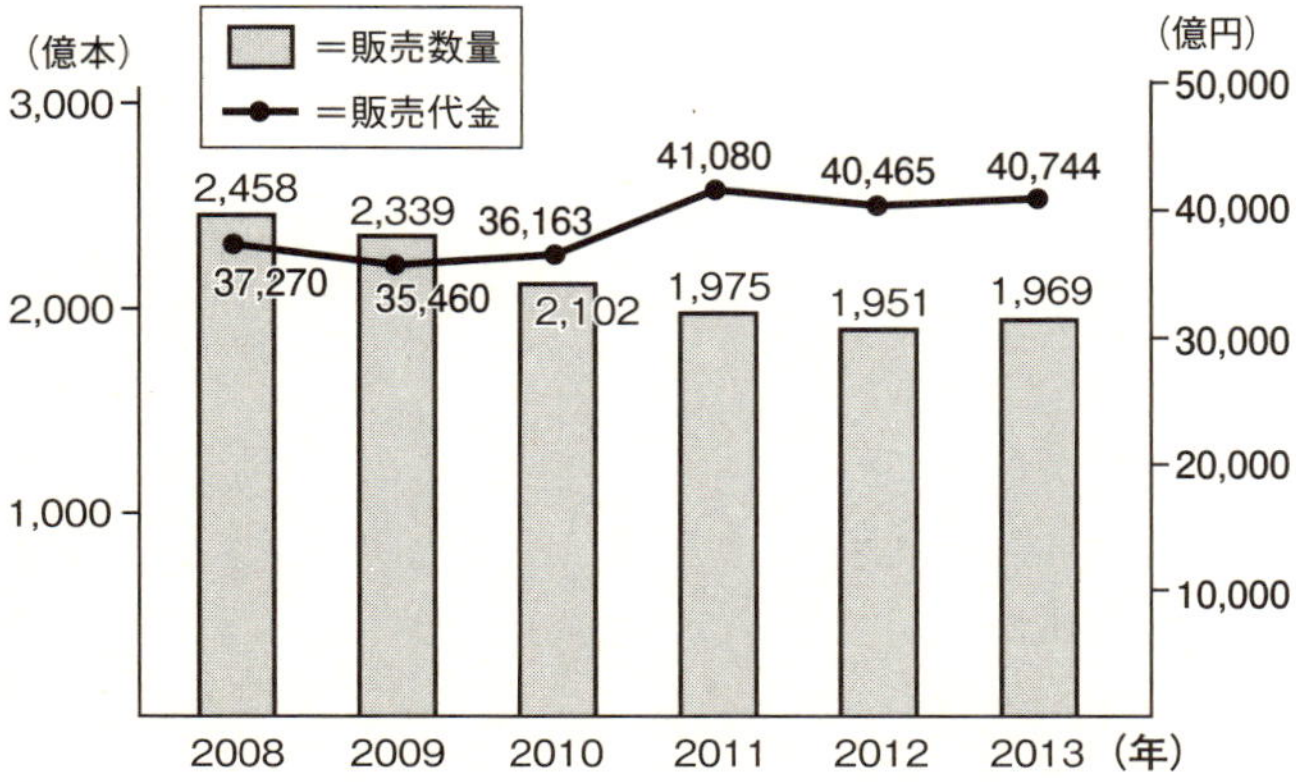

出典：一般社団法人 日本たばこ協会「たばこ税」、「紙巻きたばこ統計データ」

携帯電話・スマートフォン

格安スマホの登場で市場地図が塗り変わる!

◆スマートフォンの新星「格安スマホ」

日本の携帯電話の主流機種は、携帯端末からスマートフォンにとって代わったといっていい。

2010年頃から普及し始めたスマートフォンは、アップル社のiPhoneを筆頭に次々と新製品が投入されている。

アメリカのリサーチ会社のIHSがiPhoneの最新機種であるiPhone6と6Plusを解体して、その製造原価を分析している。

その結果、iPhone6の製造原価は200~247ドル、6Plusの製造原価は216~263ドルと分析している。これは**販売価格のおよそ30パーセント程度で、案外と高い利益率に驚かされる。**

破竹の勢いでシェアを拡大してきたスマートフォンではあるが、その需要も落ち着いてきて、今後の成長は緩やかになるという見方が一般的だ。

そんななか、注目されているのが「格安スマホ」である。

格安スマホは、通信会社の回線を借りて月額3000円以下で利用できるという、文字通り格安のスマートフォンである。イオンやビックカメラ、アマゾンなどが次々と参入し、製品のバラエティーも豊富になってきた。

格安スマホは大手キャリアの半額以下でスマホを利用できるのが一番の魅力だ。端末を安価な機種に絞っていること、通信回線が安い通信会社と提携していることで、その安値を実現している。

通信速度に制限があったり、音声通話が自動的につかないことがあるなどの注意点はあるが、使い方によっては十分スマートフォンを快適に利用できるだろう。

スマートフォンが登場してわずか5年のうちに、市場勢力は急激に塗り替わってきた。ドコモをはじめとする大手キャリアも、通信プランの値下げなどで格安スマホに対抗している。

バター

大規模化でなぜか生産コストが増える「逆転現象」

◆大規模化がもたらしたもの

2014年のクリスマス商戦のまっただ中で、スーパーなどの店頭からバターが消えてしまったところがある。慢性的なバター不足が続いていたものの、ここまで品薄になるのは異常事態である。

このバター不足を引き起こしているのはいくつかの要因があるのだが、そのうちのひとつが酪農の大規模化による生産コストの増大にある。

本来生産コストは、大規模化によって下がるはずである。しかし、近年の**電気料金の値上げや輸入飼料の値上げによって、規模が大きいほどかえって生産コストがかさんでしまう**という逆転現象が起きているのだ。

しかも、牛の数が増えたことによる人件費も酪農家を圧迫している。政府の調査によれ

● 国内の生乳生産量とバターの生産量の推移

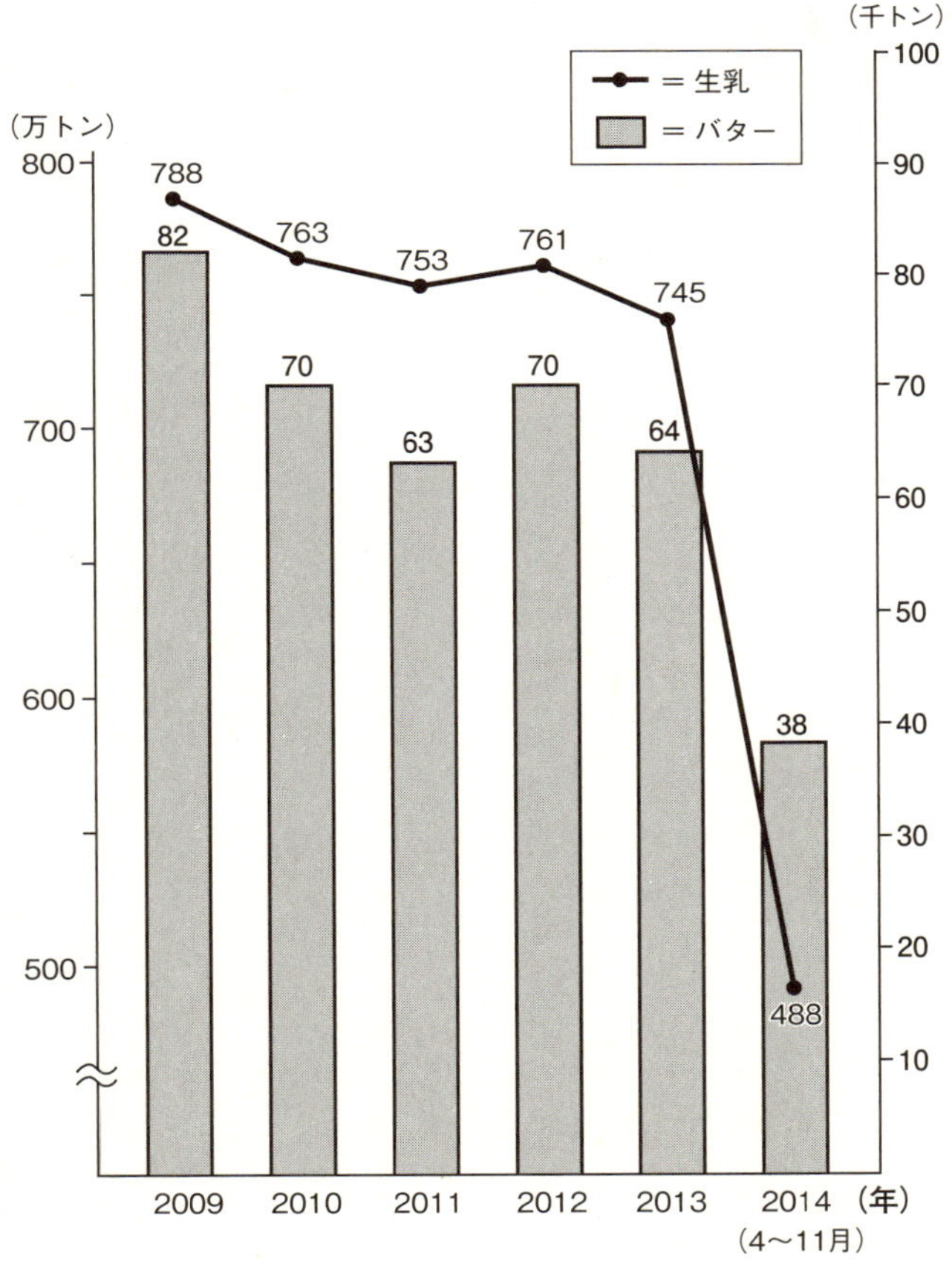

出典：農林水産省「牛乳乳製品統計」

ば、飼育している牛の数が80頭以上の酪農家は、かえって生産コストが上昇してしまうという結果が出ている。

このことで、規模を縮小したり生産を止めたりする酪農家が増え、結果的にバターの原料となる生乳の流通量が減少してしまったと考えられる。

しかし、生乳を原料として作られるのはバターだけではない。たとえば、チーズも生乳から作られる乳製品のひとつだが、チーズも品薄なのかといえば、そのような事態は起こっていない。

これには、農林水産省が数年前から打ち出している「チーズ向け生乳供給安定対策事業」の影響があるようだ。簡単にいえば、チーズ製造に関わる乳業メーカーや酪農家に対して補助金を出すという制度である。

うがった見方をすれば、チーズを作れば補助金が下りるということで、バターに振り分ける分の生乳がチーズ製造に回った可能性がある。

実際、生産量が減少しているとはいっても、バターの減り方は乳製品の中でも突出している。

◆生乳の値上げだけでは乗り切れない酪農家の厳しい現状

国の政策の是非はともかくとして、酪農家を取り巻く環境が厳しいことは紛れもない事実だ。

ホクレン農業協同組合連合会は2015年1月、飲用や加工用の生乳の販売価格を前年比1キロ当たり平均3円60銭値上げすることを発表した。新価格は4月1日から適用されることになる。

ホクレンによれば、**酪農家が牛乳1キロ当たりで得る粗利は約20円で、これは20年前の3分の2の水準**だという。生産者の経営努力を上回るスピードで、燃料費や飼料の高騰が進んだ結果だろう。

農林水産省では、2015年の3月に今後5年間の酪農振興の基本計画を打ち出すことになっている。今回のバター不足は政府の緊急輸入とメーカーへの増産要請でとりあえず乗り切った形になってはいるが、根本的な状況は変わっていない。ここで何か策を講じなければ、同じような事態が繰り返されることになるだろう。

コーヒー

価格高騰をもたらしそうな2つの不安材料とは?

◆コーヒー豆の価格は上昇傾向にある

ここ数年、コーヒー豆の価格は世界的にも値上がり傾向にある。

たとえばアラビカ種の価格は、2011年に跳ね上がり、その後一時落ち着いたものの再び上昇傾向にある。

なぜ、コーヒー豆の価格が上がるのかといえば、国際相場が上がっているからで、そこには主たる原産国であるブラジルの生産量が関係している。

1990年頃まで世界の生産量のおよそ7割を占めていたブラジルは、現在では世界シェアの3割程度になったものの、世界最大の生産国であることは変わらない。つまり、**ブラジルのコーヒー豆の収穫量が、依然として世界相場を左右している**のである。

そもそもコーヒー豆の収穫には表作と裏作があり、栽培は増産と減産を繰り返すという

●ブラジルのコーヒー豆生産量と価格の推移（アラビカ種）

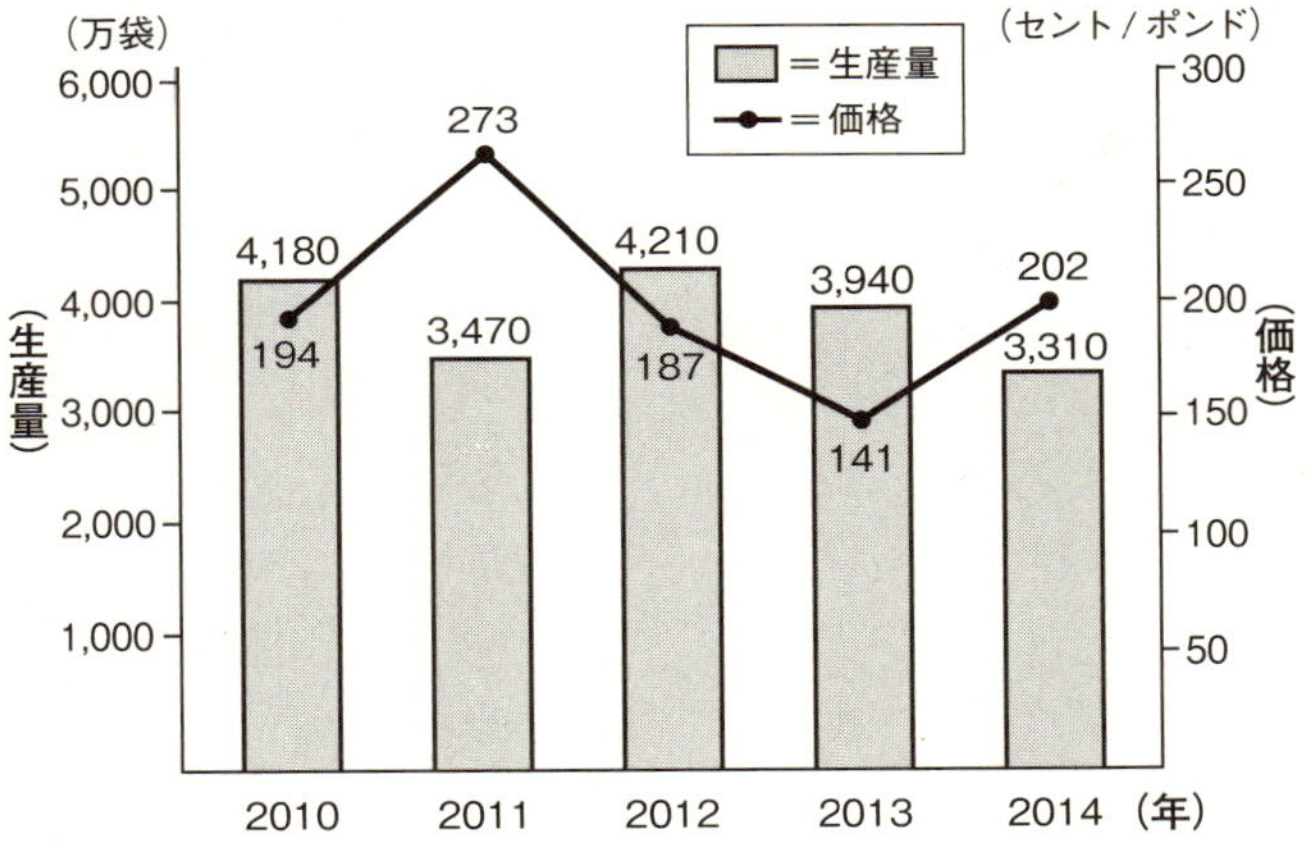

出典：IMF「Primary Commodity Prices」、USDA「Word Markets and Trade」

●国別のコーヒー消費量（2013年）

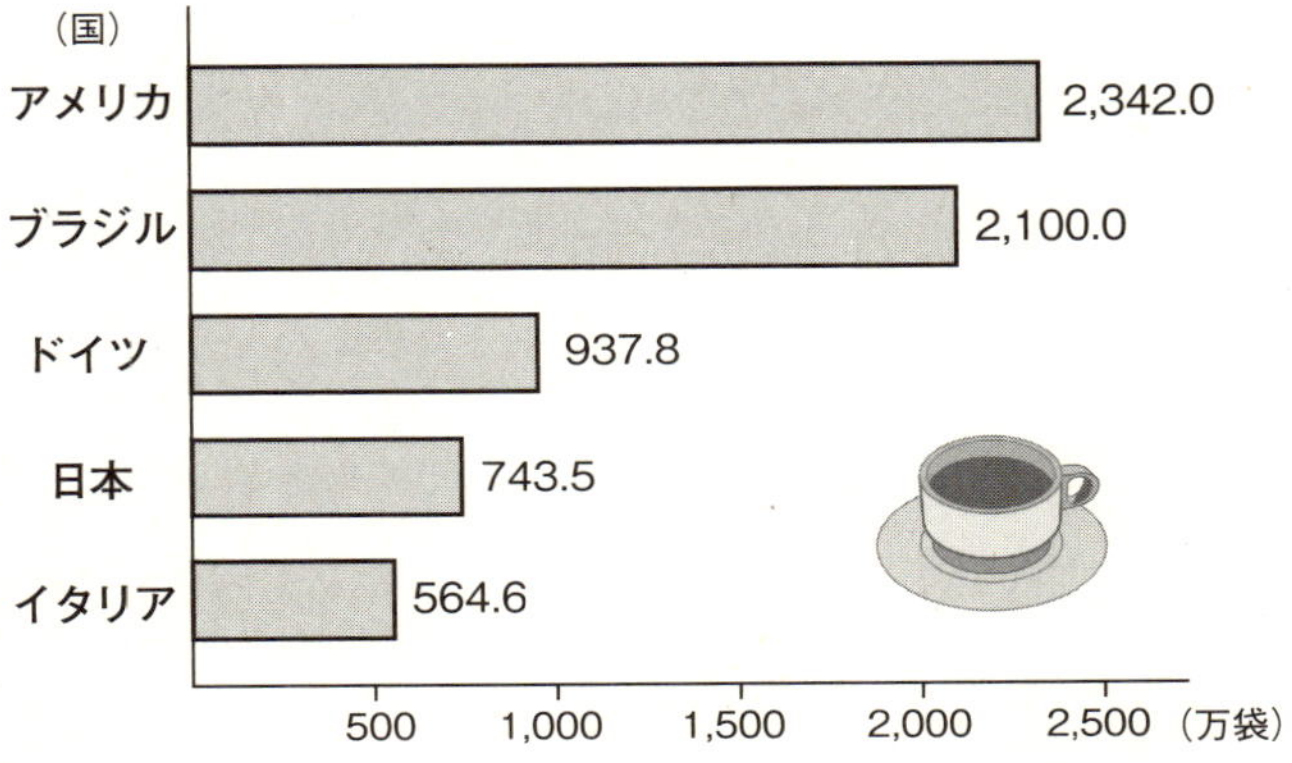

出典：全日本コーヒー協会「世界の国別消費量」

のは業界の常識だ。一時的な減産があっても必ず増産期がくるので、今まではそれほど問題になることはなかった。

しかし、近年のブラジルではコーヒー生産地での干ばつ被害が深刻になっている。そのため減産状態が長引き、コーヒー豆の供給が不足するようになったのである。

さらに、国際的なコーヒーの消費量の伸びも価格の高騰に拍車をかけている。

コーヒーの消費量の伸びが特に著しいのがブラジル、ロシア、インド、中国の各国である。これらの国では経済発展の波に押されて、コーヒーの消費量も増加しており、特に人口が10億人を超えるインドや中国は、コーヒーの愛飲者が増えれば増えるほど今後のコーヒーの消費量も飛躍的に伸びることが予想できる。

しかも、今後の生産量と消費量のバランスによっては、コーヒー豆の価格がさらに上昇することもあるかもしれない。

折しも、安くて美味しい淹れたてのコーヒーが、コンビニやファストフード店で人気を博している。1杯のコンビニコーヒーをささやかに楽しむ愛飲者にとっては、国際的なコーヒー豆事情から目を離せない状況なのである。

小麦
世界のエネルギー事情と小麦価格の意外な関係

◆小麦粉製品の原価を押し上げる小麦価格の上昇

パン、ケーキ、うどん、パスタなど、小麦粉を材料にする食品を挙げればきりがないが、小麦は今や日本の食卓には欠かせない農産物のひとつだ。しかし、国産小麦の収穫量は驚くほど少ない。圧倒的に輸入小麦に頼っているのが現状だ。

その輸入小麦の価格は一時的な下落はあっても、年々上昇傾向にある。

輸入小麦の価格統制をしているのは政府だ。商社を通じて海外から小麦を買い付け、大手製粉メーカーは政府売渡価格でこれを買い取っている。つまり**政府売渡価格が上昇すれば、小麦粉の価格は値上がりし、その結果さまざまな小麦粉製品の値段を押し上げる**ことになるのである。

輸入小麦の政府売渡価格は年に2回見直しが行われる。たとえば２０１４年10月期には、前期とほぼ変わらない1トン当たり5万8330円に決定している。

これは、小麦の産出国であるウクライナの収穫量が予想をはるかに超えた豊作であることが影響して、米国の干ばつや冷害、ウクライナの社会情勢の不安を考慮してもなお、世界の生産量が記録的に上がることを見込んだ結果だ。

とはいえ、政府売渡価格はここ5年間でみると値上がりを続けている。小麦粉を供給する製粉会社にとっては仕入れ値が上がっているうえに、消費税が増税された影響もあり、2014年は小麦粉製品が軒並み値上げされたのが記憶に新しい。

小麦は天候に左右される穀物である以上、近年の異常気象の影響は避けられない。小麦の輸出大国であるアメリカやオーストラリアでは干ばつなどの被害が頻発しているのだ。

そのうえ、アメリカが推進している**バイオエタノール事業のために、農家が小麦からバイオエタノール用の作物に転作し、生産量が激減している**ということも見逃せない。小麦輸出量第1位のアメリカの政策は、世界の食糧事情にダイレクトに影響を与えているのだ。

ほとんどを輸入小麦に頼っている日本では、世界の天候や各国の農業政策、エネルギー事情などをただ見守っていくしかないのが現実なのである。

● 輸入小麦の政府売渡価格の推移

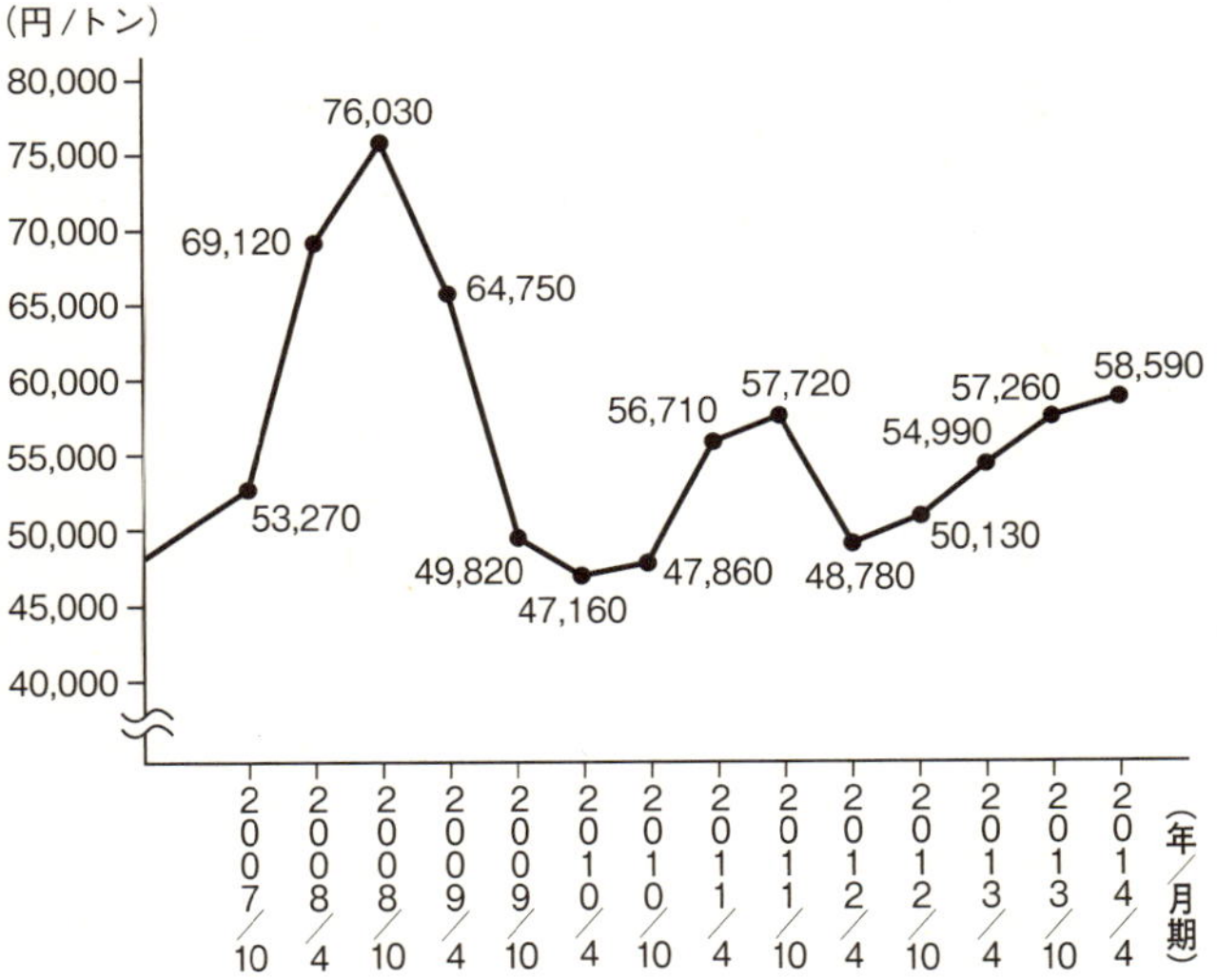

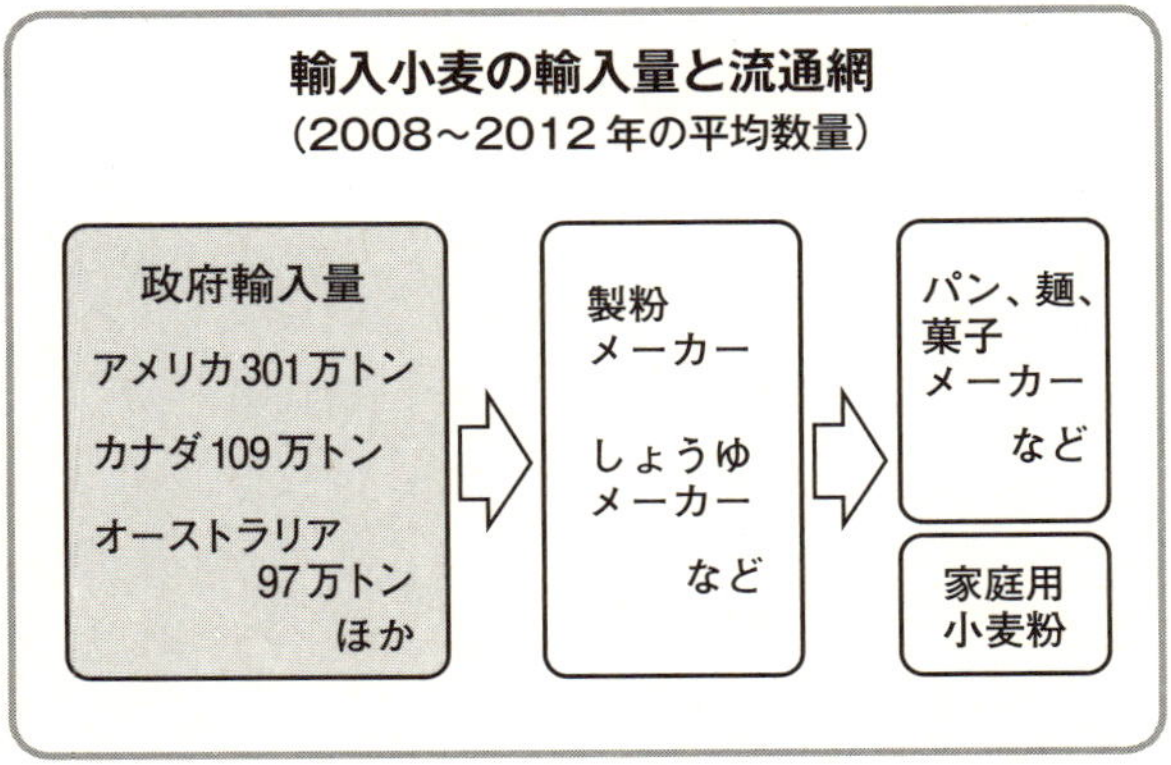

出典：農林水産省「輸入小麦の政府売渡価格について」

米

日本の主食に見え隠れする本当の危機とは?

◆作れば作るほど赤字になるコメ

消費者にとっては、主食であるコメの価格が家計に大きく影響する要素のひとつであることは間違いない。美味しい米を安く手に入れられるのであれば、それにこしたことはないだろう。

しかし、2014年の秋にコメの価格が暴落し、廃業の危機に陥る農家さえ出たのはあまり報道されなかった。これは、ここ数年続いたコメの豊作によって、全農(全国農業協同組合連合会)が抱えた過剰な在庫が引き起こした結果だという。

その下げ幅は過去最高レベルとなり、多くの銘柄が過去最安値を更新して60キロ当たり1万円を割り込み、前年比7割ダウンとなった銘柄もあったほどなのだ。

コメの生産原価はおよそ60パーセントといわれているが、昨年の販売価格ではこの原価

● 主食用米の流通経路

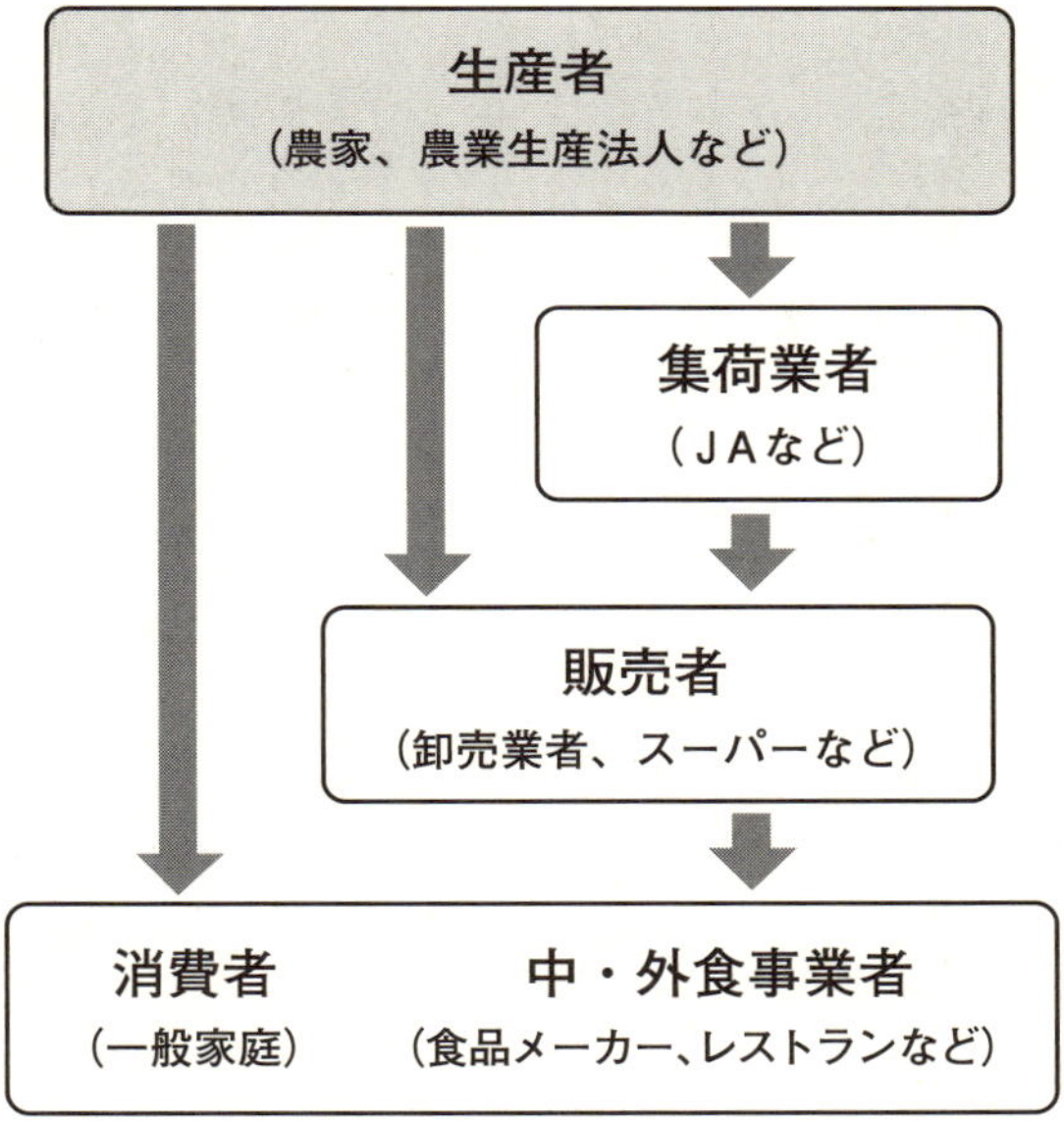

● 米の相対取引価格の推移（全銘柄平均）

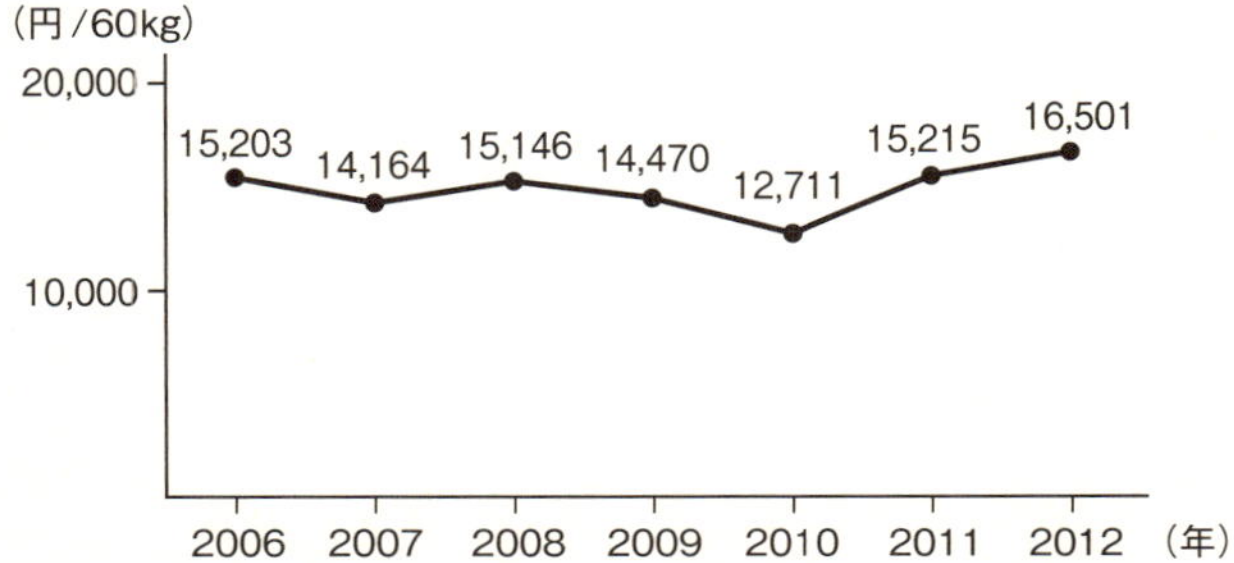

出典：農林水産省「米の相対取引価格・数量、契約・販売状況、民間在庫の推移等」

すら割りこみかねないという事態も起こっている。作れば作るほど赤字になるというのが現実のようだ。つまり、この状態では採算がとれなくなり、米作をやめる農家も多く出ると予測されているのである。

◆TPPではコメの関税が守られる方向に

コメの流通はここ10年で大きく変化した。それまでコメの流通ルートは「計画流通米」と「計画外流通米」に分けられていた。計画流通米には、政府が買い上げる政府米と自主流通米があり、自主流通米の価格は全国組織である全農が管理する自主流通米価格センターによって決定されていた。

販売に関しても政府に登録された卸業者が、これまた登録された小売業者に卸すという徹底した統制のもとになされていたのだ。

しかし、**2004年から流通の仕組みが変わり、登録しなければ扱えなかった卸業や小売店も、年間20トン以上を扱えば販売できる**ようになったのである。

日本の主食であるコメの自給率を守るために、**輸入米には778パーセントという高い**

関税をかけているものの外国からの関税撤廃への圧力は年とともに増している。政府としては近い将来、輸入自由化がされた場合をにらんでコメ農家に競争力をつけさせるのが流通自由化の狙いだった。

その結果、スーパーやインターネットなどで気軽にブランド米が買えるようになったり、5キロ1200円程度で購入できる商品が登場するなど、バラエティー豊かな種類と価格帯が揃うようになったのだ。

2014年の4月に行われたTPP（環太平洋戦略的経済連携協定）の関税協議では、政府が輸入する米国産米の輸入量を増やすことと引き換えにコメの関税自体は守られる方向性が示された。「コメ、麦、牛乳・乳製品、甘味資源作物、牛肉・豚肉の主要5品目での譲歩もありうる」と一部でみられていただけに、この決定に安堵したコメ農家も多いだろう。

とはいえ、米価の大暴落のような事態が起きた時に政府が何の手だても講じなければ、自由化に向けた体力をつけるどころか、国産米を栽培する農家が減少する一方だというのが厳しい現実なのである。

牛肉

国産と輸入の価格差の背景をひも解いてみると…

◆TPPで安価な輸入牛肉の流通が増えるのか

東京都心では海外の有名ステーキハウスの開店が続いており、空前の牛肉ブームになっている。外国資本の店ということで、当然扱う牛肉も国産ではない。とはいえ、某ステーキハウスのメニューではディナータイムでサーロインステーキが7500円と、和牛ステーキにも引けを取らない強気の値段設定だ。

しかし、一般的には国産牛肉と輸入牛肉には歴然とした価格の差がある。たとえば、牛丼チェーン店が格安の牛丼を提供できるのは、安価な輸入牛肉のおかげである。

2015年1月の農林水産省の牛肉等小売価格の緊急調査によれば、**100グラム当たりでは輸入牛肉が326円、国産牛肉が704円と、その差は2倍以上**だ。

海外からの輸送コストを考えても輸入牛肉が格安で売られるのは、その圧倒的な流通量

● 食肉価格の推移

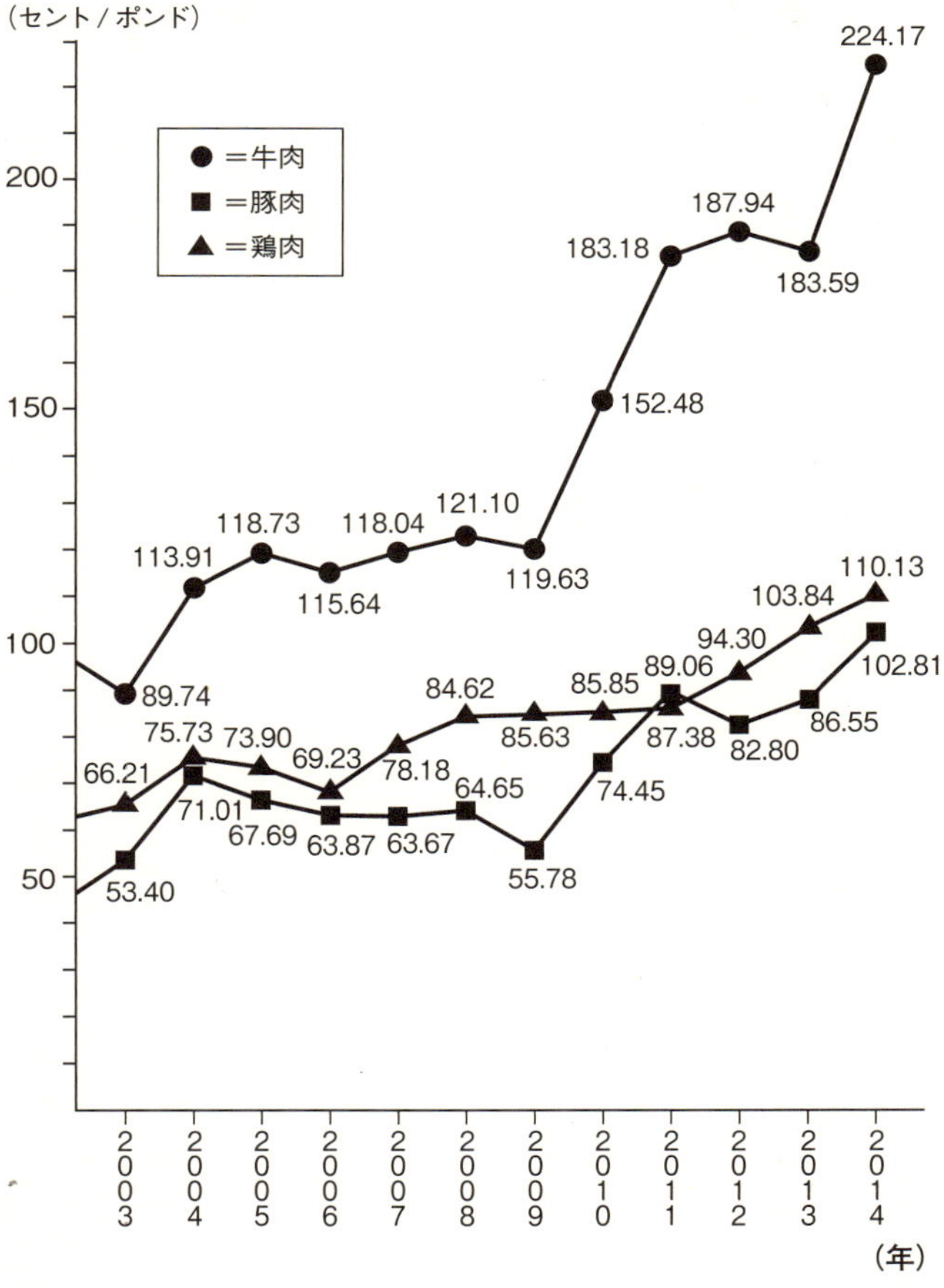

出典：IMF「Primary Commodity Prices」

によるところが大きい。２０１３年度にオーストラリアやアメリカなどから輸入された牛肉は、76万トンで世界第３位となっている。

価格の面からみれば圧倒的な利がある輸入牛肉が、さらに国産牛肉に追い打ちをかけようとしているのがＴＰＰによる関税協議である。

牛肉も聖域といわれる主要5品目の中に入っており、日本側としては従来通りの関税システムは守りたいという立場をとっている。

２０１４年5月の段階の日米協議では、関税撤廃を求めるアメリカと日本が互いに譲歩した形となり、現行38・5パーセントの関税を20パーセント程度に、低価格品に関しては9〜10パーセントに引き下げる形で協議されているが、依然として着地点が見えてこないのが現状だ。

国内で流通している牛肉の6割を輸入肉が占めている日本で、輸入肉の価格が食卓の行方を左右するといっても過言ではない。各国の政策を背景にした国際協議の動向によって1杯の牛丼の価格が上下するのは、食糧自給率の低い我が国にとっては避けられないことなのである。

電気・水道・ガス

利益が自動的に上乗せされる料金のカラクリ

◆原価を下げなくても利益は変わらない公共料金

新生活を始める時に水道や電気、ガスの手続きは真っ先にすることのひとつだ。社会生活を送るうえでは、公共料金の支払いは避けて通れない。

ところで、その公共料金は居住する地方自治体によって異なるものだが、価格設定の方法をご存じだろうか。

電気料金を例に挙げて考えてみよう。

一般的な企業の場合、利益は売値から原価を差し引いたもので、その売値は市場が決定する。つまり、企業は原価を下げる努力をすることで利益を増やそうとするのだ。

しかし、電力会社の場合はこの構造がまったく異なる。売値（消費者が支払う料金）は原価（人件費、燃料費、修繕費、減価償却費など）に、あらかじめ設定してある事業報酬を単に加算したものだ。

つまり、**原価を下げる努力をしなくても、事業報酬という名の利益が自動的に上乗せされる**のである。これを総括原価方式という。

一般企業の利益にあたる事業報酬は、発電用資産額に対する報酬率が決められている。現在の事業報酬率は3パーセントだが、発電用の資産額が大きければ大きいほど事業報酬額は上がり、それが売値に影響していくという構図なのだ。

発電用資産には発電施設だけでなく、使用済み核燃料なども含まれている。ということは、原子力発電所のような巨額の施設を建設すればするほど、事業報酬も増えていくことになるのである。

◆自由化の流れがさまざまな商品を生み出す

福島原子力発電所の事故後、発電コストの増大を理由に電気料金は各電力会社で軒並み値上げされた。しかし、この料金構造を問題視して、コスト引き下げの努力が足りないとして反発を招いたのは記憶に新しい。

● 一般家庭の１年間の電気料金の推移（２人以上の世帯）

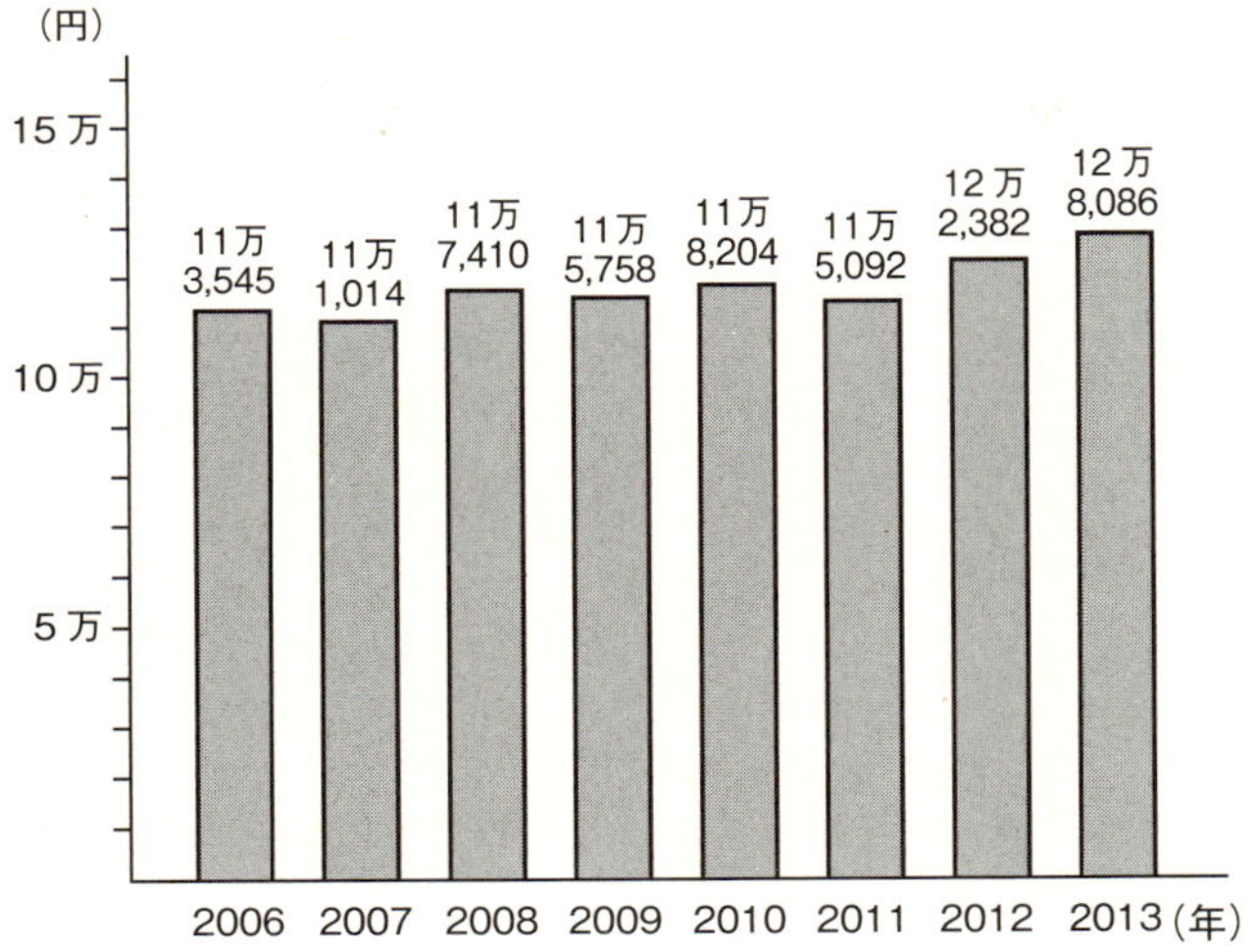

出典：総務省統計局「家計調査」

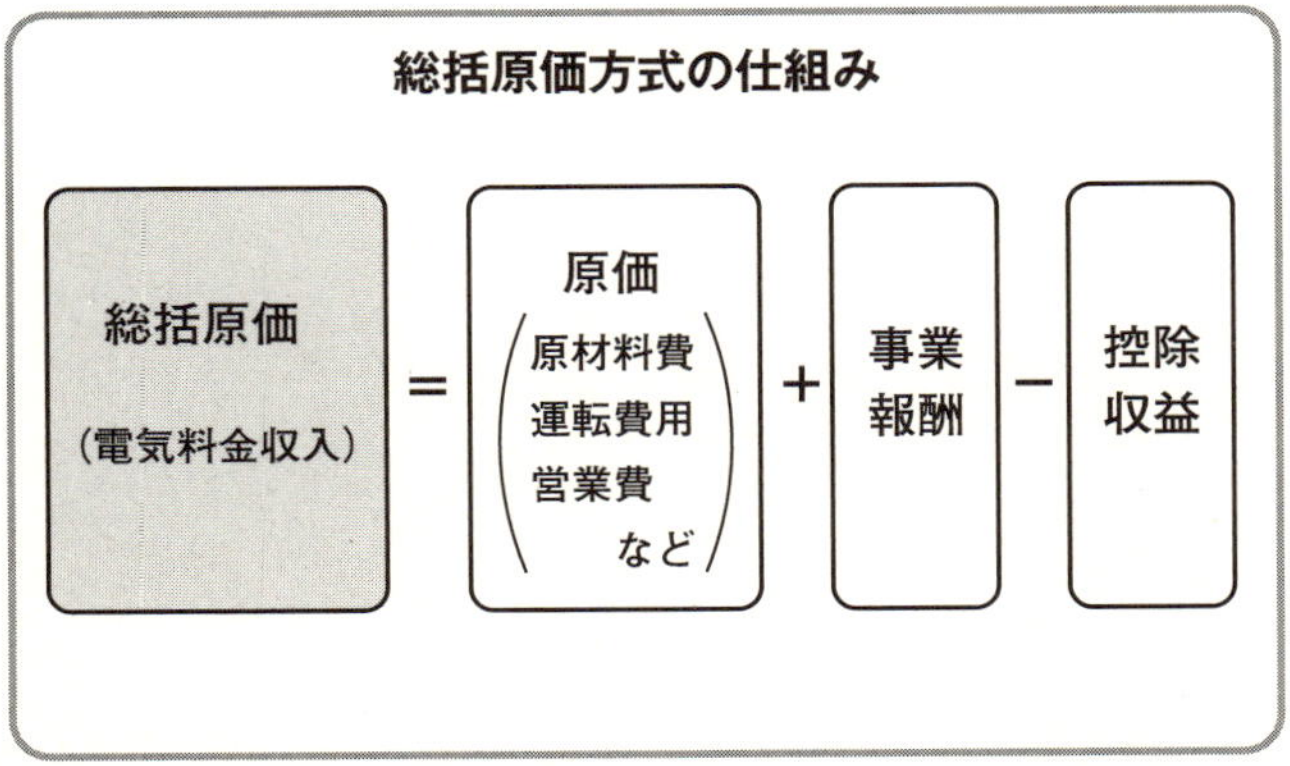

そこで急速に広がったのが電力自由化の流れだ。

電力の自由化によって、これまでのように決められた電力会社からではなく、自由に電力会社を選んで購入できる。現在は大口の契約者に限られているが、**2016年には一般の家庭でも自由に電力会社が選べる**ようになる。

また、2017年をめどに家庭向けのガス販売も自由化されることが検討されている。2015年の通常国会に関連法案が提出される見通しで、これを受けて東京電力が電気とガスのセット販売に乗り出す方針を発表しているのだ。さらに、携帯電話会社と提携した通信サービスのセット販売も検討しているという。

このことによって、さまざまな商品やサービスが増えることが考えられるうえ、他社も追随すれば価格競争の結果として消費者にとって魅力的な商品が増えることも期待できるだろう。

独占市場が崩れることによって、各社の価格やサービスなどの自由競争が始まるわけだが、決められた料金を受け入れるしかなかった時代から、公共料金も自由に選べる時代が到来しつつあるのである。

ガソリンスタンド

ガソリンだけでは食べていけないその裏側

◆**ガソリンを売っても利益にならない**

国際的な原油安を受けて、ガソリンの小売価格の下落が続いている。2015年1月25日時点のレギュラーガソリン1リットルの全国平均価格は125・8円となった。消費者としては歓迎したいところだが、ガソリンスタンドにとっては相変わらず苦しい経営状態が続いている。

ガソリンの原料は原油で、原油を精製し不純物を取り除いて造られる。おおまかにいえば**原油価格に精製コスト、流通コストを加えたものがガソリンの原価だが、それらに加わるのが高額の税金**である。

原油に課せられる「石油石炭税」や地球温暖化対策のための「環境税」、ガソリンを精製する事業者に課せられる「揮発《きはつ》油税」、道路特定財源となる「地方道路税」、そして、消費税である。ガソリンの小売価格のうちの半分近くが、これらの税金となっているのである。

実際、ガソリンスタンドで売られている**ガソリンから上がる利益は、1リットル当たり数円にしかならない**という。

では、ガソリンスタンドはどこで利益を上げているのかというとガソリン以外の洗車や車検、板金・修理、レンタカー業などだ。

つまり、給油で立ち寄った車のドライバーに、いかにオプションのサービスを販売できるかということがガソリンスタンドを経営するうえでの命運を握っている。ガソリンは集客のための商材でしかないというのが実際のところのようだ。

たとえば、セルフサービスのガソリンスタンドに行くと、給油をドライバー自身が行うにもかかわらず、思いのほか多くのスタッフがいることが多い。それも、ガソリン以外の商品を販売するためだと考えると納得がいく。

ガソリンスタンドはガソリンを売ってなんぼの商売ではなく、車に関するさまざまなモノやサービスを売って成り立っているのである。

プロパンガス
知っているようで知らない価格決定の仕組み

◆プロパンガスは自由に業者を選んでいい

住んでいる地域に都市ガスが引かれていない場合は、プロパンガスを利用している家庭が多いだろう。

プロパンガスは、屋外にガスボンベを設置して定期的に業者がボンベを交換するシステムだ。

都市ガスは公共料金であり、価格は地方自治体によって一律に決められているが、プロパンガスは自由料金で、事業者が自由に価格を設定できる。

つまり、業者によって価格が違っているため、本来なら消費者は比較検討をしたうえで、自由に業者を選んでいいことになる。

このことを知らずに値段の高い業者と契約してしまったら、無駄に高いガス代を払い続けることになるのだ。

全国的にみると、プロパンガスの適正小売価格は2015年の1月で20立方メートル当たり7500円から11600円となっている。最も安いのは関東地方で、最も高いのは北海道である。

輸送費や消費量、競合数によってこの格差が生じていると推測されるが、自分が住んでいる地域のプロパンガスの平均価格はある程度おさえておきたい。

業者によっては、格安の料金で客をひきつけ、理由をつけて後から単価を上げたり、契約解除の際にトラブルになることもあるというので注意が必要だ。

プロパンガスは自由料金で契約は自由であることと、適正価格を知っておけば、問題がこじれることを避けることもできるだろう。

◆小売業者の努力しだいで価格は下げられる

現在日本で使われているプロパンガスは、そのほとんどを輸入に頼っている。産出国である中東が主な輸入先だ。国際的な取引である以上、当然だがその輸入価格は為替の動き

●LPガスの国別輸入構成比(2013年度)

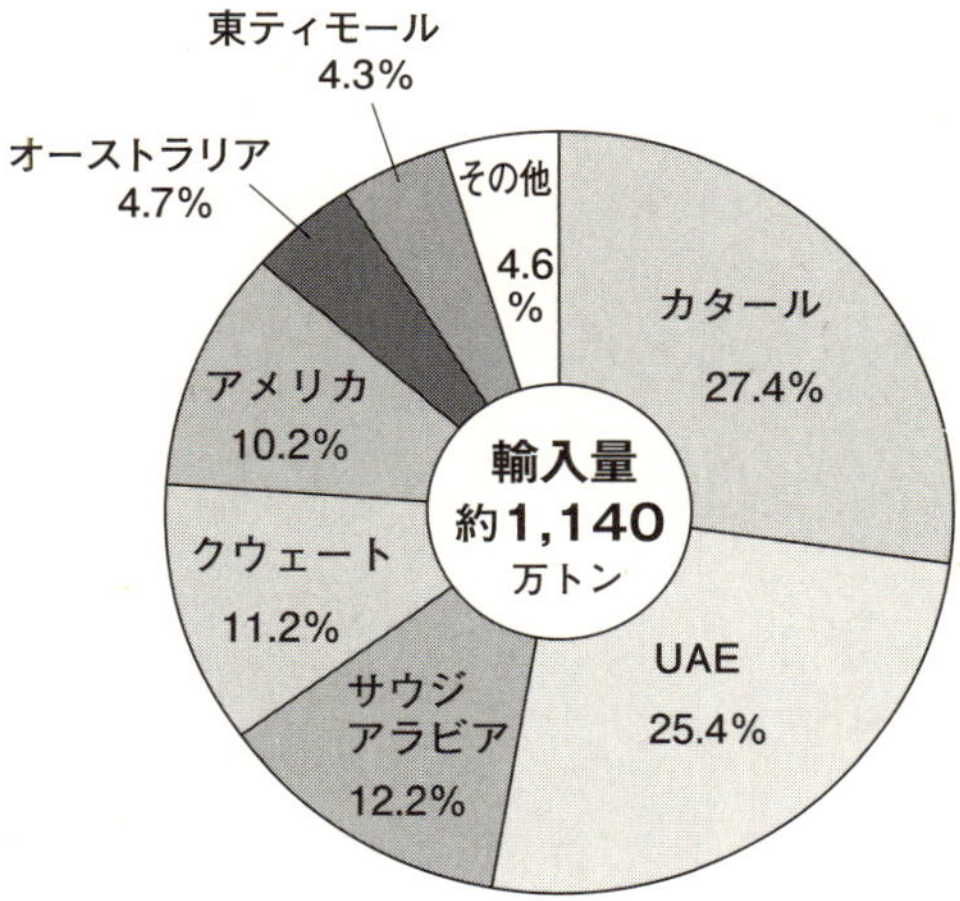

出典：日本LPガス協会「統計資料」

●LPガスの価格構成

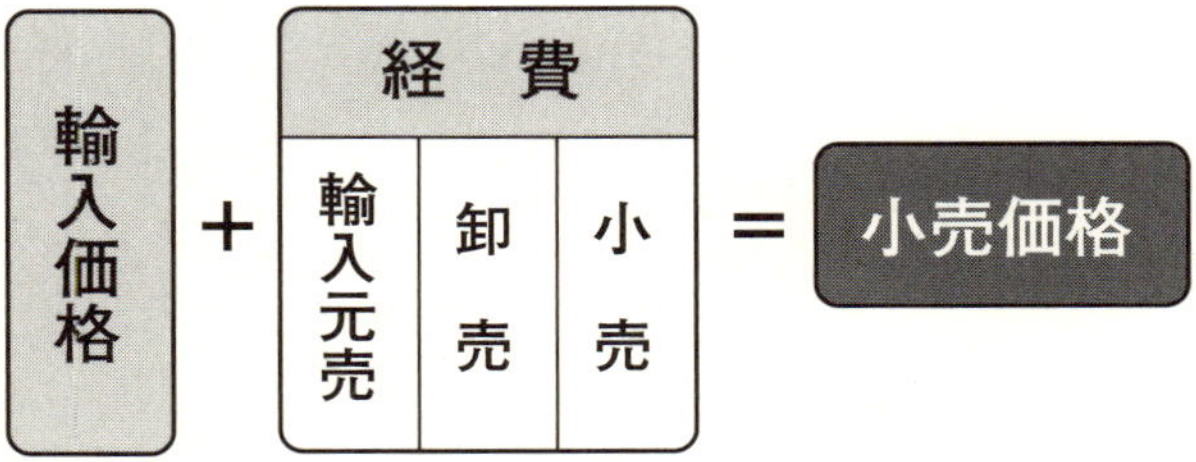

出典：一般財団法人 エルピーガス振興センター
「LPガスの料金と価格」より作成

や国際情勢に左右されることになる。

もっとも、ここ数年のプロパンガスの**輸入価格は、多少の上下はあるものの比較的緩やかな変動にとどまっており、小売価格も安定している**。しかも2015年1月現在では、原油の供給過剰による輸入価格の低下で、プロパンガスの適正価格も史上最安値になっている。

消費者が支払う段階のプロパンガスの価格の構成は、輸入価格が13・5パーセント、輸入元売で2・5パーセント、卸元で20・7パーセント、小売りで63・3パーセントとなっている。小売段階で乗せられる金額が最も大きいのは明らかだ。

つまり、小売り業者の経費削減などの努力しだいでは、プロパンガスの小売価格を下げられる可能性が高いのである。

都市ガスが整備され、オール電化の住居も増えていくなど、今後のエネルギーの利用状況は変化が予想される。

プロパンガスも他のエネルギーと競合することで、より消費者が利用しやすいシステムや価格になっていくはずである。

農産物

手探りが続く農業ビジネスの新たな動きとは？

◆生産コストにのせる流通コストを抑える動き

ＴＰＰ協議の行方はいまだに落としどころが見えない状態が続いているが、農産物の流通はＴＰＰの合意を待つまでもなくずいぶんと様変わりしている。

ひと昔前は、絶大な権力を持つ農協がすべての農産物の流通を一手に仕切っていた。農産物は生産者である農家から地元の農協へ出荷され、それを卸売市場へ出荷して最終的に小売店に並んでいた。

それが、近年では卸売市場を経由せず小売店に直接販売される流通ルートが増えている。農協を通さずに農家が直接小売店や消費者とやり取りするケースも増えてきたのだ。

これにより、当然だが農産物の小売価格は下げることができる。生産コストは変わらなくても流通経路をショートカットできれば、そのぶん手数料が減るからである。

流通コストを抑えることで消費者は安い商品が手に入り、農家は受け取る利益を増やせる。仮に安い輸入農産物が流通してきたとしても、鮮度と安全性という点でみればそれらに対抗することができるのだ。

しかし農業全体をみれば、燃料費や肥料、人件費など、生産に対するコストはかさむ一方だといえるだろう。

もともと**農協ルートで販売される農産物の価格で、農家が受け取るのはその半分以下の金額にしかならない**という。安い輸入品に押されて農産物の価格が下落していけば、生産者である農家はさらに苦しい状況に陥ることは目に見えている。

２０１３年度の食糧自給率は野菜が74パーセント、果物が65パーセントとなっているが、作物によってはそのほとんどを輸入でまかなっているものも少なくないのである。

モノの値段は、その原価を踏まえた適正な設定にできないと、いつかそのシステムが破たんしてしまう。生産コストがかさみ、後継者不足で疲弊していく農家の現状をどうにかしないと、国産野菜が食卓から消える日がやってきても不思議はないだろう。

第5章

モノの原価から読み解く「業界地図」

宅配便料金

ネット通販の定着で料金設定に変化の兆し!?

◆インターネット通販の恩恵で好調な宅配業界

アマゾンや楽天などのインターネット通販で自宅にいながら商品を取り寄せるのはもはや当たり前という人が多いが、この多大な恩恵を受けているのが宅配便業者だ。

宅配便の取り扱い個数は、これから数年後には40億個を突破する勢いがあり、宅配業界はまさに右肩上がりの成長をみせている。

宅配業者がインターネット通販業者から得る売り上げは、取り扱い商品の配送料だけではない。宅配業者の物流センター内で、インターネット通販の商品の受注管理、保管、梱包、配送まで一手に請け負った場合は、商品の保管料や管理作業料などが発生するからだ。こうした倉庫業務での収入で、業績を伸ばしている宅配業者も少なくないのだ。

とはいえ、市場が急速に拡大したことで宅配便の料金にも影響が出ている。実際、業界

●宅配便取扱数の推移（トラックと航空等の合計）

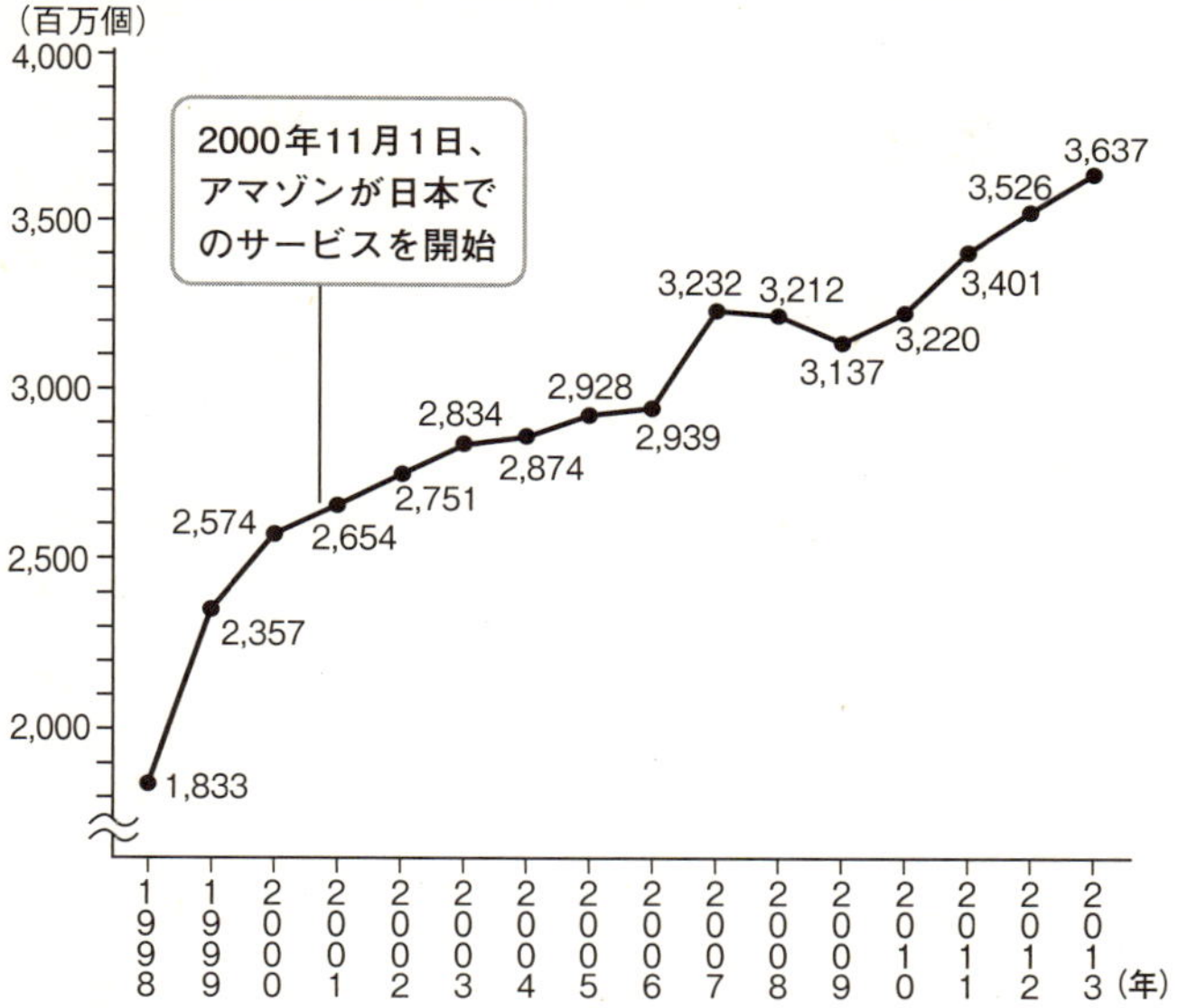

●宅配サービス別のトラック便の取扱数とシェア（2013年）

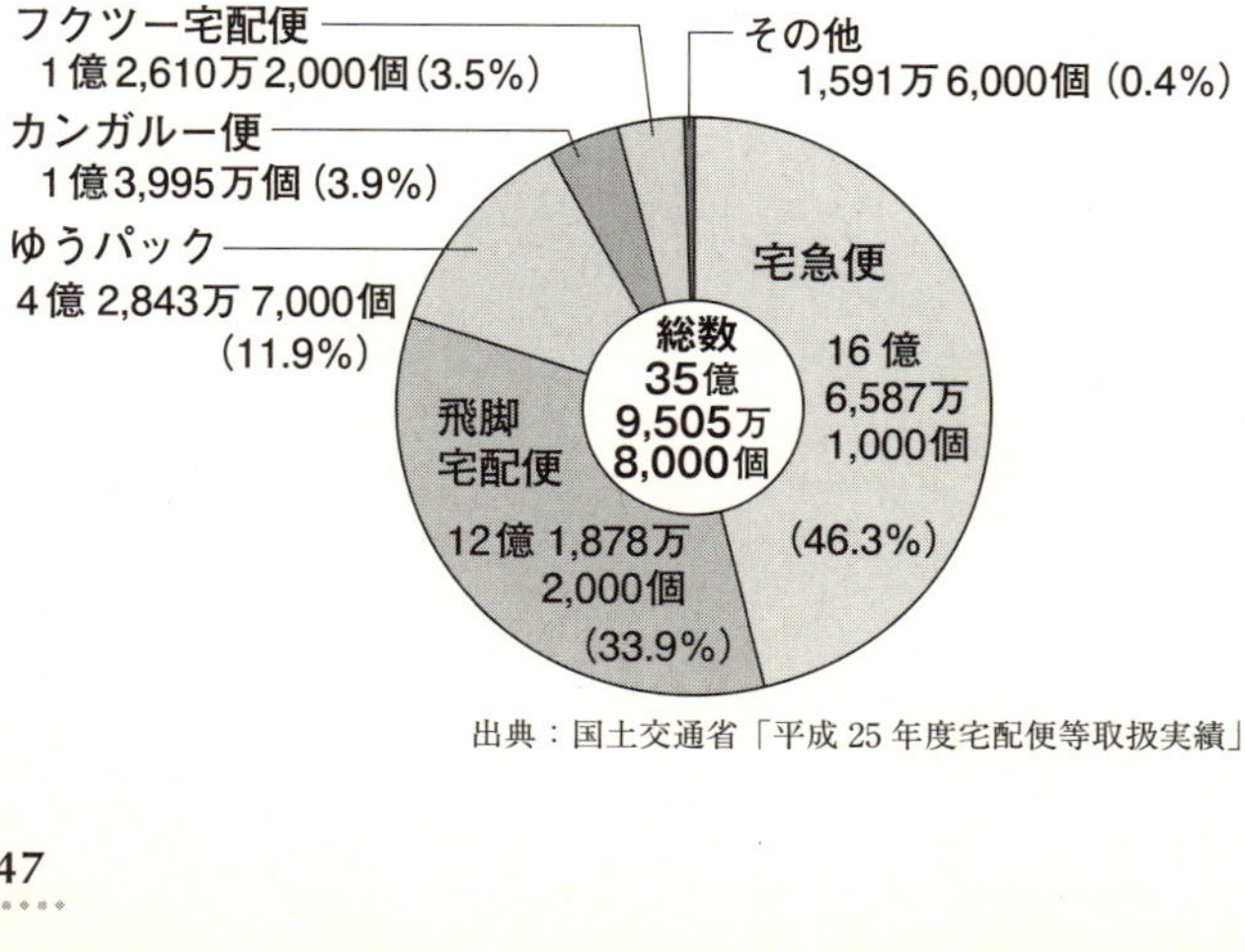

出典：国土交通省「平成25年度宅配便等取扱実績」

トップをひた走るヤマト運輸は、２０１４年になって法人顧客に対して実質的な値上げに踏み切っている。さらに、２０１５年3月末で「クロネコメール便」を廃止すると発表して話題になった。

そもそも、業界では熾烈なシェア争いの結果、法人向けの単価は原価割れを覚悟した価格の下落が続いていた。しかも、人件費や燃料費、トラックの維持代などを含めた**宅配便の原価は、荷物1つ運ぶに当たっておよそ9割**ともいわれてきた。

そのうえ、ここにきて人件費や燃料費の高騰もあり、すでに低価格攻勢をするのは限界に達していたのだ。そこで市場が急激に拡大したこともあり、価格の適正化に舵を切ったというわけだ。

ちなみに、前年には業界第2位の佐川急便が、インターネット通販大手との取引から撤退するという事態も起きている。ネット通販は取り扱う個数自体は多いものの、薄利のため、宅配業者としてはそれに見合う利益にならなかったからだ。

佐川急便が撤退したあとの荷物のほとんどを引き受けることになったヤマト運輸が今回、法人顧客向けの実質的な値上げに踏み切ったのも、こうした流れがあってのことなのだ。

ビール

業界の命運を握る「酒税見直し」の正しい読み方

◆ビール、発泡酒、第3のビールの価格の差を生む酒税とは

国内のビール市場は今や長い低迷状態にある。若者のビール離れや少子高齢化、節約志向による買い控えで消費量が冷え込んでいるのである。

そこで、各社が力を入れてきたのが発泡酒や第3のビールなど低価格の商品だ。麦芽比率を抑えた発泡酒や、麦芽以外の原料を使ったり発泡酒に別のアルコール飲料を混ぜて作った第3のビールは、普通のビールより小売価格が安い。しかも、ビールに近い味を実現しようと各社が企業努力を重ねた成果もあり、節約志向の消費者の支持を得てきた。

だが、この発泡酒や第3のビールの人気を脅かすのではと懸念されるのが、今後の酒税の見直しである。

じつは、**ビール類の製造原価は20パーセント以下だが、酒税やその他の経費がかかるた**

めに粗利は約18パーセントとなる。

実際のところ、ビールと第3のビールの原価は20~30円しか変わらない。だが、ビールでは酒税が高く設定されていて、一方の発泡酒や第3のビールは麦芽の含有比率が低いために酒税が安い。この酒税の差が小売価格に反映しているのである。たとえば、350ミリリットル当たりの酒税はビールが77円で、発泡酒は47円、第3のビールは28円なのだ。

つまり、**発泡酒や第3のビールを低価格で販売できているのは酒税の差によるところが大きい**ということになるのだが、2015年度の税制改正でそのビール類の酒税額を55円で一本化しようという案が出ている。実現すればビールは減税になるが、発泡酒と第3のビールは増税となってしまうのである。

政府からすると低税率のビール類ばかりが売れると税源が確保できないという問題があるのだが、もし酒税が一本化すれば低価格が売りの発泡酒や第3のビールも値上げしなくてはならない状況になる。ビール業界にとっては大きな痛手になりかねないのだ。

今後、税制の見直しを視野に、ビール各社は高級ビールなど本来のビールに力を入れて方向転換を図ることになりそうだ。

●ビール類の出荷量のシェア（2014年）

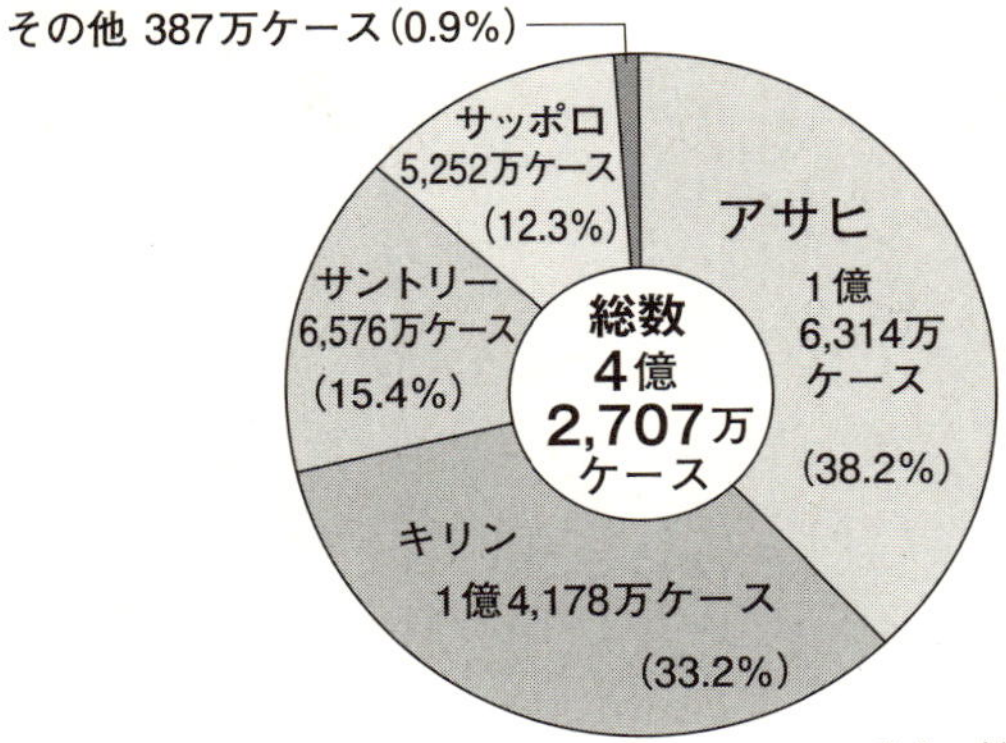

出典：新聞記事より作成

●ビール類の原価と酒税

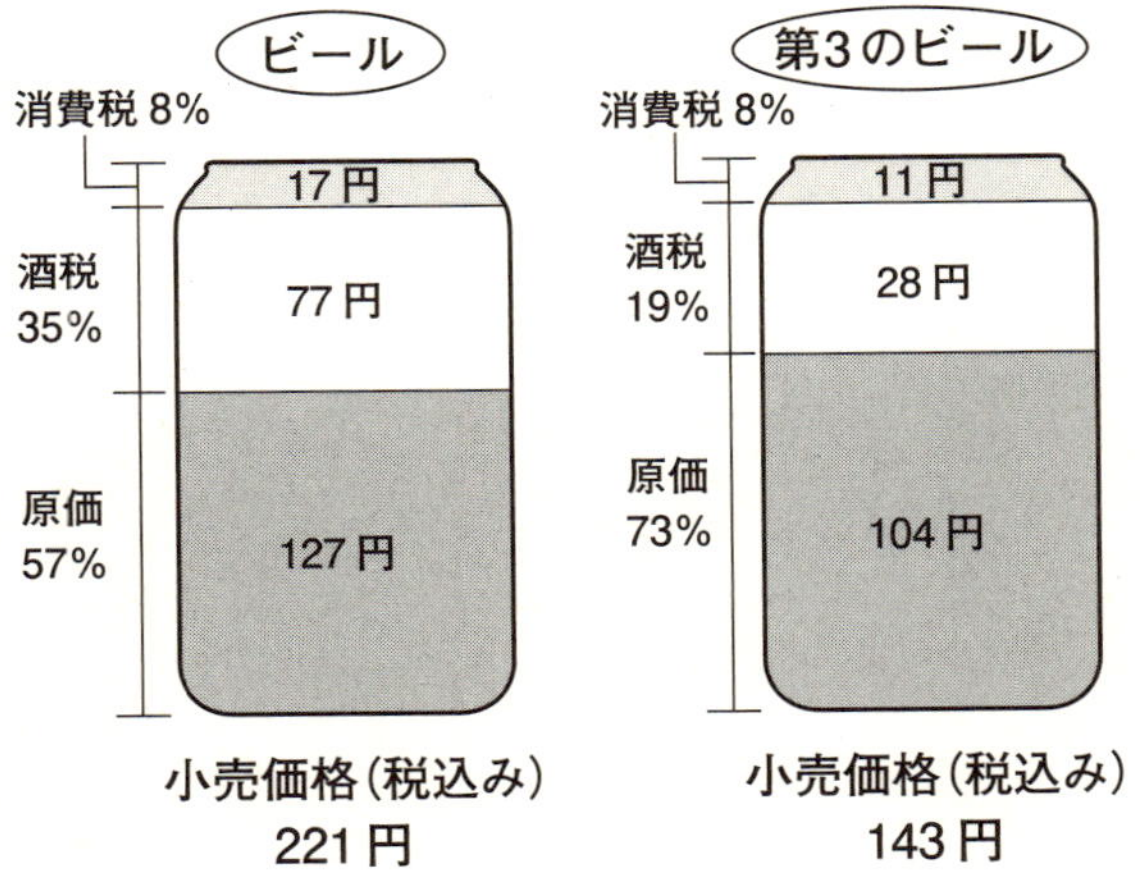

出典：国税庁「酒税一覧表」等より作成

ペット

ペットの値段は人気と流行にどう左右されるのか

◆交配や餌代などで費用がかかるわりに卸売り価格は安い？

ペット関連の市場は、今や年間1兆4000億円を超えるまでになっている。ペットを飼育している世帯の割合は犬が約16パーセント、猫が約10パーセントで、犬と猫の飼育頭数は、国内で約2061万頭といわれている。

家族の一員として迎えられているペットだが、一番人気の犬の場合、犬の生産者となるのは、ブリーダーと呼ばれる繁殖業者だ。

ブリーダーはメス犬を購入してオス犬と交配させるが、1回の交配には10万円ほどかかる。**ペットショップや卸売り業者へ〝商品〟として複数の子犬を売り出すまでにかかる諸経費は年間100万円ほどで、卸売り価格が1匹7万円程度**だという。

手間や経費がかかるわりに卸売り価格が安いことを考えると、好きでなくては続けてい

● 犬、猫の飼育頭数の推移（推計）

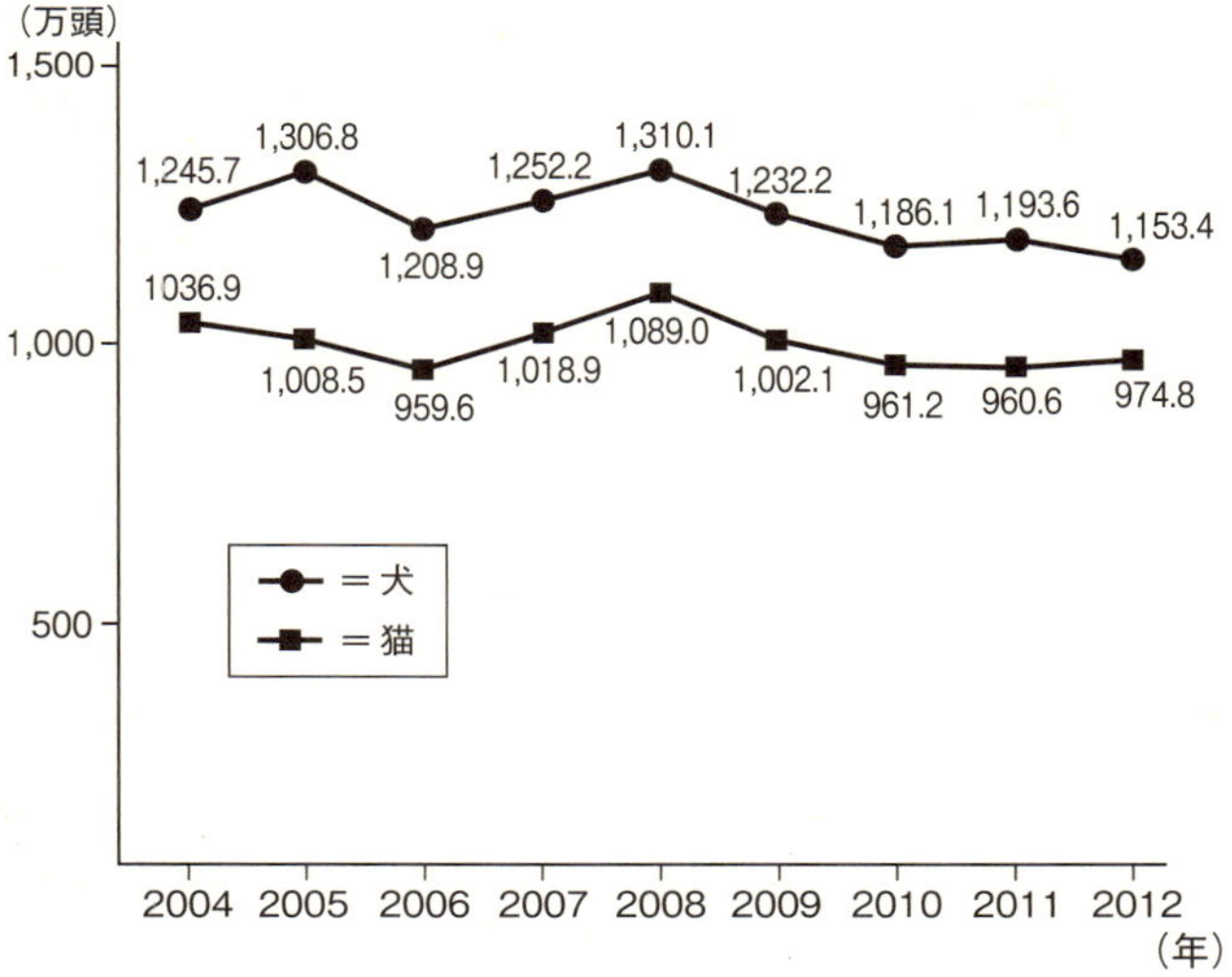

出典：一般社団法人 ペットフード協会「全国犬猫飼育実態調査」

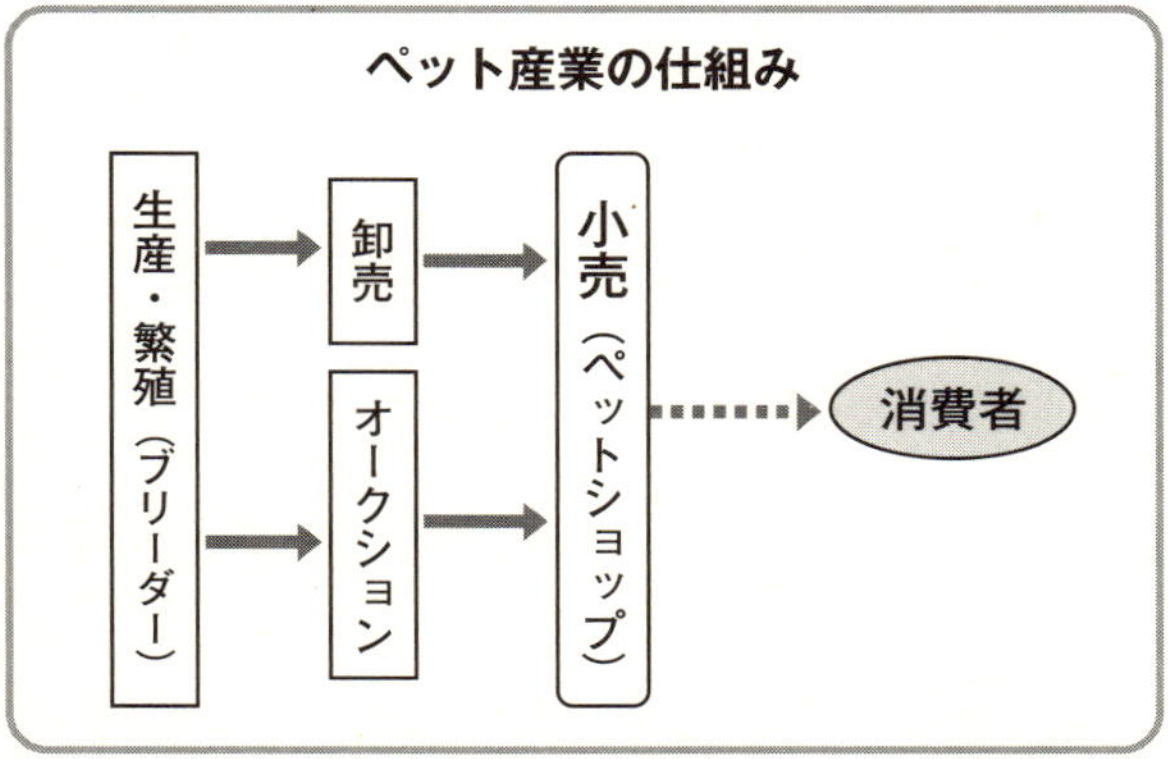

られない仕事だといえる。そのため、自らペットショップを経営したり、犬の美容師であるトリマーを仕事に持ちながらブリーダーを兼業する人もいる。

生まれた子犬はブリーダーから直接ペットショップに卸される場合と、卸売業者を経由する場合がある。ペットショップで最もよく売れる子犬は数万～20万円が相場だが、その売価には、仕入れ価格はもちろん、ペットフード代やワクチン接種代、店の賃料、人件費なども含まれ、さらに犬種の人気や流行にも左右されるのだ。

近年の傾向では、室内飼いが増えていることから小型犬の需要が高く、飼育頭数も減少傾向にある。その影響で大容量のペットフードの需要は減っているが、我が子同然にペットに投資する飼い主が増えていて、グルメ志向のプレミアムフードなどが人気を得ている。そうしたなか、ペットフードで国内シェア1位のユニ・チャームは2011年にアメリカのハーツ社を買収するなどして海外での事業展開にも力を入れている。

◆ペットの高齢化で新たなビジネスチャンス

現在、ペット市場で最も注目されている問題がペットの高齢化である。

犬猫ともに医療の進歩などで昔と比べて平均寿命が14〜15歳と延びているため、高齢のペットの健康に配慮した高付加価値のペットフードや、老犬介護用のペット用品などの需要が高まっているのだ。

また、ペット保険やペット向けの葬儀へのニーズも高まっている。**ペット保険市場は推定で280億円**といわれていて、国内のペット保険最大手のアニコムホールディングスの過去5年間の保有契約数の平均成長率は16パーセント近いという。

というのも、ペットが病気やケガをした時の診察費用は全額自己負担となる。しかも、動物病院は公正取引委員会によって治療費の基準を定めることを禁止されているために、どこの動物病院も自由診療なのだ。

万が一、ペットが大きなケガや長引く病気をした時には、高額な治療費を請求されることも大いにある。入院や手術などへの備えとして、ペット保険に加入する飼い主も少なくないのである。

ほぼ横ばいが続くペット市場だが、ペットの家族化や高齢化が進むなかで新たなビジネスの拡大に期待が寄せられている。

映画料金

入場料1800円でも高いとはいえないウラ事情

◆興行収入の半分以上は配給会社へ

日本では、大人1人が当日の入場料金で映画を観ようとすると1800円もかかる。この値段を高いと感じる人も多いだろう。

そもそも映画ビジネスは、一般の流通でいうなら生産者に当たる「製作」と、卸売業者に当たる「配給」、そして小売店である「興行」の3つから成り立っている。

実際に映画を撮るのは製作プロダクションだが、製作は複数の企業がスポンサーになって製作委員会を結成する。「興行収入権」や「CS放送権」、「DVD化権」など作品の権利の分配は、それらのスポンサー間で取り決めている。

そうして完成した映画は配給会社を通して映画館を運営する興行会社に販売されるが、配給会社は映画のパンフレットやポスターを製作し、世に売り出す役目を担っている。

●映画ビジネスの主な仕組み

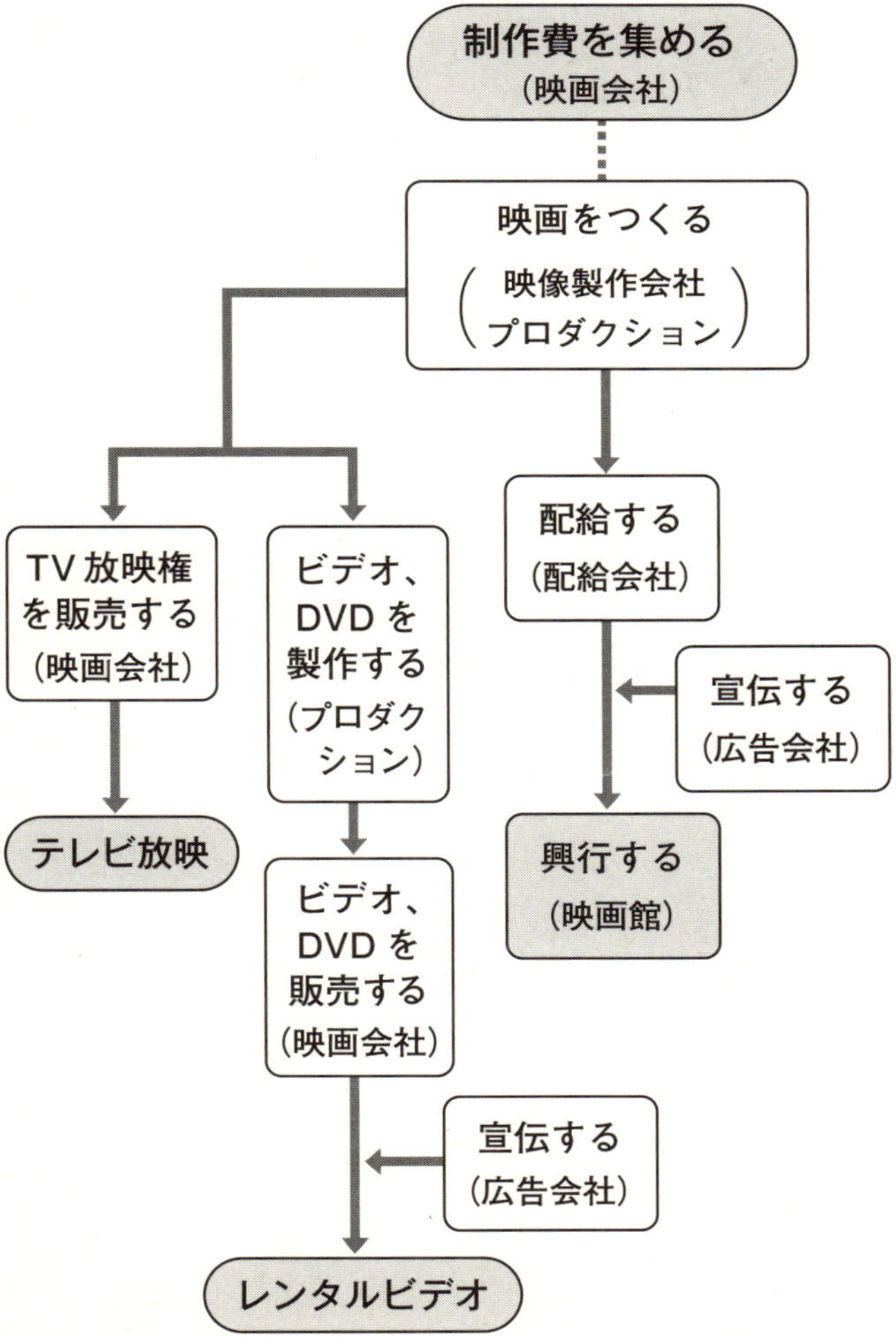

配給会社は興行収入を興行会社から得るが、この金額の割合はスライド式の場合が多い。公開2週間までは配給会社の取り分が7割、3週目からは6割、6週目以降は5割など、ロングランになるほど映画館の取り分が多くなる仕組みになっている。

つまり、**映画館としてはどんなに興行収入を上げても半分以上は配給会社に支払わなくてはならない**。よほどの大ヒット作品ならともかく、映画館の運営費や人件費なども考えると、それほど儲かる商売とはいえないのである。

また日本の場合、映画の製作、配給、興行が三位一体になっていることが多い。東宝、東映、松竹といった大手3社もこの体制が基本となっている。

そして、この**製作、配給、興行が同一資本によって経営されているという日本独特のスタイルも映画料金の高値を生んでいる理由のひとつ**だ。

というのも、もし興行で大幅な赤字が出た場合は製作も配給もその影響を少なからず受けてしまうからだ。そのため、本来なら自由に料金設定ができるはずの映画館サイドも、親会社の意向を反映せざるを得ない。レディースデーなどのサービスデーを設けて料金を割り引くのが精一杯の現状なのである。

人材派遣会社

実際、このビジネスの仕組みで誰が儲かる？

◆原価＝派遣スタッフの給料

人材派遣ビジネスは、「人材派遣会社」と、仕事を希望する「派遣スタッフ」、そして労働力を求める「派遣先企業」の3つが揃ってはじめて成立する。

派遣会社が募集した派遣スタッフは、派遣会社と雇用契約を結び、派遣会社では、派遣先となる企業と派遣スタッフの給与などを取り決めて契約する。その契約に基づき、派遣会社は派遣先企業から得た契約金の中から派遣スタッフの給料を支払っているのだ。

派遣業界でいう原価とは、この派遣スタッフへ支払う給料にあたる。じつは「派遣業界は原価率の高い業界」といわれていて、**企業から入る契約金の7〜8割が派遣スタッフへの給料や社会保険料などの支払いに充てられている**のである。

そのほかにも人材の募集費用や教育研修費、営業部員などの給料、会社の家賃などもかかるので利益はそれほど出ないというわけだ。派遣事業の経営を成り立たせるためには、より多くの派遣先を獲得しなければならず、派遣スタッフも実際に稼動する数倍の人数を確保しておき、受注があればすぐに対応できるようにしておく必要があるのだ。

民主党政権下では派遣の規制強化の影響で、企業が派遣を敬遠する傾向があったが、自民党政権になってからはその影響が薄れて派遣市場も回復してきている。

さらに、これから市場に追い風になりそうなのが労働者派遣法の改正だ。２０１５年の施行を目指しており、２０１４年11月に衆議院が解散したことで廃案にはなったが、再び国会に提出される可能性も高い。もし**施行が決まれば、これまで「専門26業務」といわれて期間の制限なく仕事を任せられてきた通訳などの専門職種が、営業などの一般の職種と同じ最長3年の派遣期間**となる。これにより、派遣先企業の派遣スタッフの活用の機会が広がるのではという期待があるのだ。

一方で、派遣期間３年を迎える派遣スタッフに対しては場合によっては派遣会社が無期雇用するという義務が生じ、人件費がさらに増える懸念もある。もともと原価率の高い派遣業界にとって、この法改正は吉と出るのか凶と出るか、成り行きが注目される。

●雇用者数における非正社員の割合

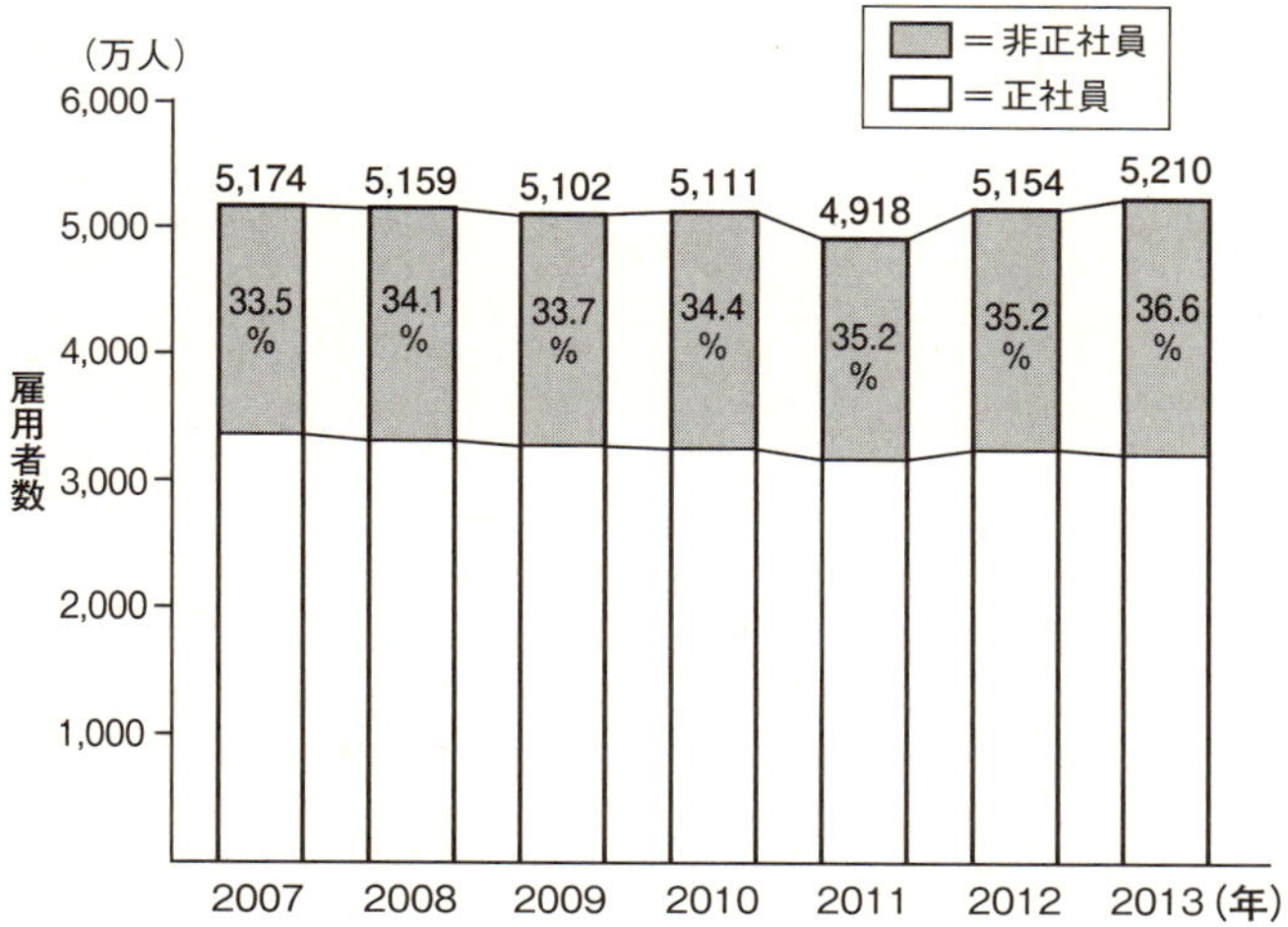

出典：総務省統計局「労働力調査」

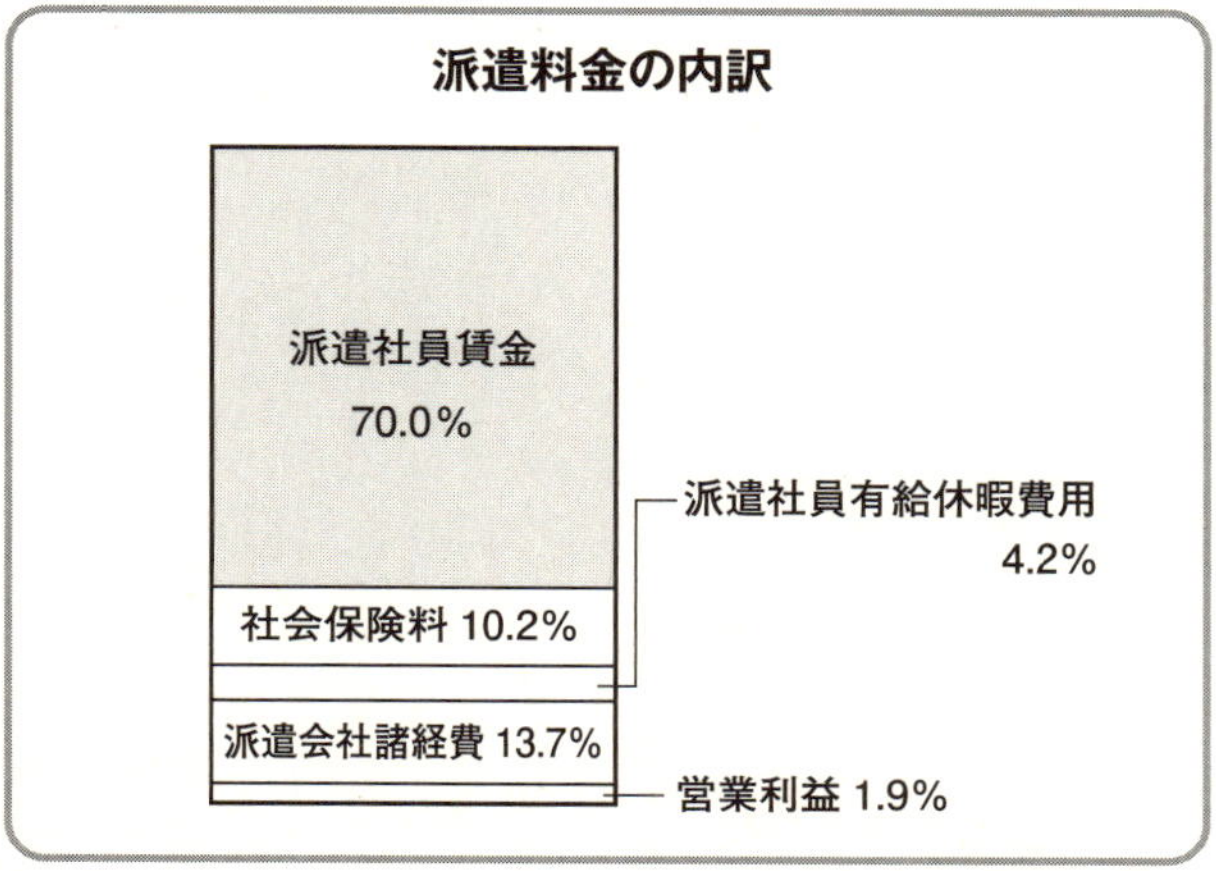

出典：一般社団法人 日本人材派遣協会HP

家電量販店

「粗利ミックス」の手法では今後通じない!?

◆赤字の商品を販売しても儲けが出る仕組みとは

安さと豊富な品揃えで消費者から大きな支持を受ける家電量販店では、他店より「1円でも安く売る」ための激しい価格競争が日夜繰り広げられている。

この業界は大量の商品を仕入れては調達コストを安くする、いわゆる薄利多売方式のビジネスだ。メーカー系列の販売店にはない品揃えの豊富さと価格の安さを武器にして売上げを伸ばしてきた。

じつは、家電量販店では仕入れ値を割って赤字で販売している商品もある。チラシでよく見かける「先着10台限り!」などと書かれた台数制限の商品などは、赤字覚悟の目玉商品だと思っていい。台数限定なのは、公正取引委員会が不当に安く販売するのを禁止しているからで、認められる範囲内で台数を限っているからである。

しかも、**家電量販店では別項でも触れたが、「粗利ミックス」という方法で、目玉商品では赤字が出ても、最終的にはきちんと収益が出る儲けの仕組みになっている。**

たとえば、パソコンの激安品は同時にブロードバンド契約をすることを条件にしていたり、プリンターであれば同時にインクなどの消耗品も購入するので、そちらで利益が出るようにうまく工夫されている。

また、ポイントカードを導入している家電量販店は多いが、これも消費者だけでなく、家電量販店側にもメリットがあるという。ポイントカードは購入した金額に応じてポイントが加算され、その貯まったポイントを現金の代わりに使用できるシステムだ。

つまり、ポイントは実質的な値引きと同じで、平均すると購入金額の約10パーセント前後のポイントが付いており、消費者への還元率も高い。このポイント還元のほうが家電量販店全体の値引きコストを約1パーセント節約できるといわれているのだ。

◆インターネット通販の拡大で新たな価格競争が！

この業界では売上高5000億円が生き残りの最低条件としてみられているが、最近では資本力のある家電量販店のほとんどがＭ＆Ａ（企業の合併・買収）を行っている。たとえば、業界トップのヤマダ電機は２０１２年に9位のベスト電器を子会社化しているし、第2位のビックカメラも同年に第7位のコジマを子会社化している。

こうした生き残りをかけた争いのなかで、家電量販店を脅かしている存在が、この数年で急激に拡大してきたアマゾンなどのインターネット通販である。店舗を持たない**インターネット通販は、家電量販店よりも安値で対抗できる**からだ。

家電量販店としては店頭で実際に商品を見られるといった強みがあるが、これに対しても「ショールーミング」といって、店頭で確認した商品をその場では購入せず、自宅に帰ってからインターネット通販で最安値の商品を探して購入するという行動が増えているのである。

家電量販店側もネット価格に対抗して値下げしたり、アフターサービスをより充実させるなどの取り組みを行っている。

また、大手各社は自社のインターネット通販を強化するなどしており、新たな価格競争への火蓋が切って落とされている。

新築分譲マンション
土地代、建築費…どこでどう儲けようとするのか

新築分譲マンションの建築に携わるのが「ディベロッパー」と呼ばれる開発業者である。ディベロッパーの仕事は開発計画に基づいてまず用地取得から始まる。そして、建築自体は総合建設業者、いわゆる「ゼネコン」や中小の建設・建築会社に依頼するのが一般的になっている。

つまり、**新築分譲マンションの製造原価は、おおまかにいえば土地の取得費と建物の建築費ということになる。そこに、自社の利益や営業経費などが上乗せされて、最終的な売上げ原価が７～８割程度になる**のである。ちなみにマンション完成後の物件の販売は、ディベロッパー系列の販売会社で行われることが多い。

◆完成する前に完売したい理由とは

このように新築分譲マンションの建設には多額の資金が必要になる。その資金は金融機

関から借り入れるが、そこでディベロッパーは建築の承認が下りしだい、販売会社による販売を開始し、少しでも短期間で資金を回収して金利負担を軽減しようとする。新築分譲マンションのモデルルームが、マンションの建築中に別の場所にオープンするのはそんな理由もあるのだ。物件が完成する前にすべて売ってしまえば、完工と同時に資金が回収できるのである。

一方で、資金回収を重視するあまり安く売りすぎると利益率は低くなる。そこで、完成前の完売にはこだわらず、値引きもあまりしないスタイルをとっている業者もある。その場合、他社よりも利益率は高くなっているはずだという。

また、最近では都市部での用地獲得がさらに激戦となっていて、地価や労務費などが建設コストを底上げしている。高値で用地を獲得すれば原価、ひいては当然販売価格にも響いてくるし、価格が高くなれば収支が合わず売れずに損することにもなりかねず、業者にとっては頭が痛いところだ。

とはいえ、2020年の東京五輪開催が決定したことで、新築マンションの建築は活気づいている。今後は、東京湾岸の大型マンションの開発などがさらに進んでいきそうだ。

●分譲マンションの着工数の推移

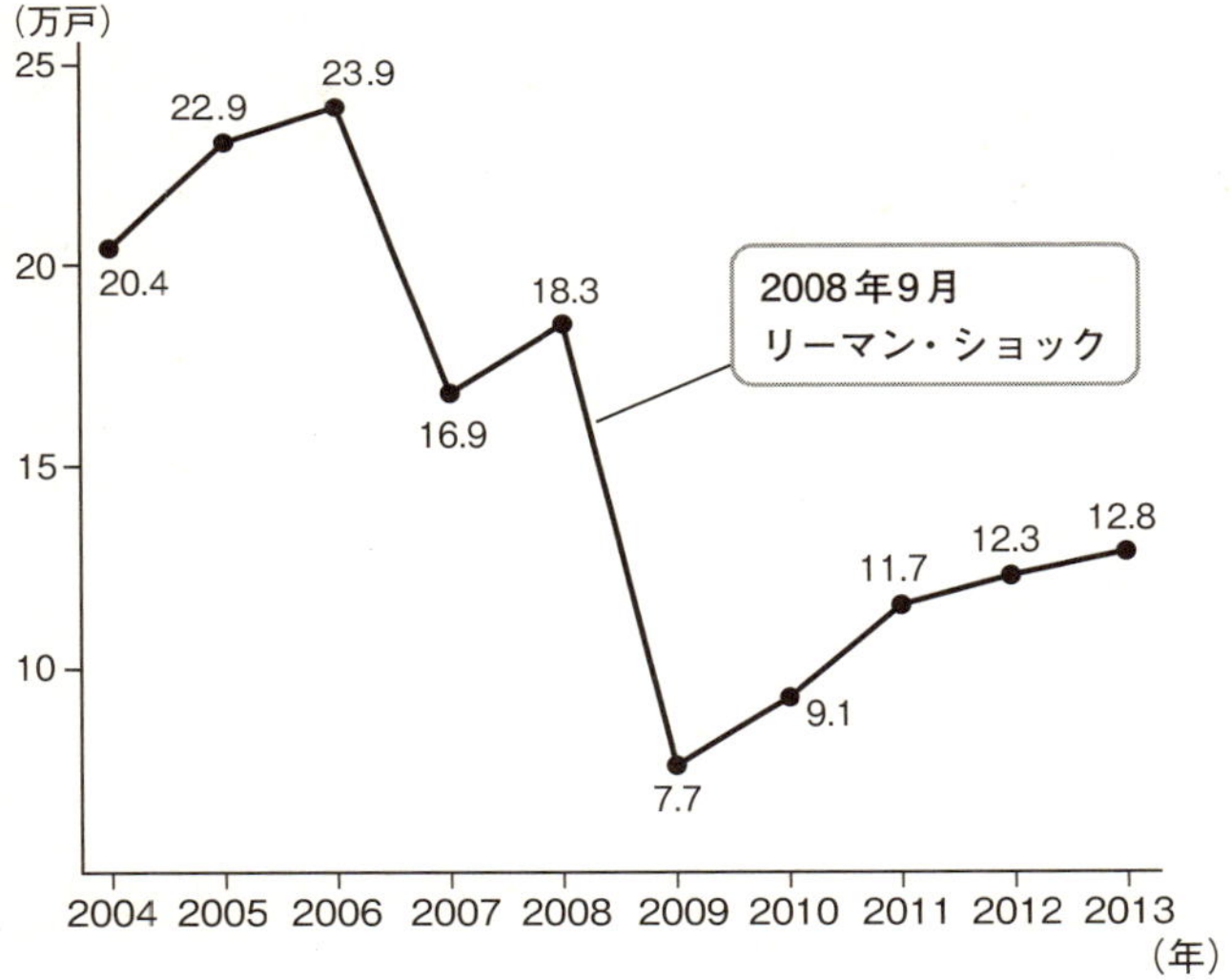

出典：国土交通省「建築着工統計調査報告」

物件価格 5,000万円のマンションの原価率(例)

土地代……………500万円
建設材料費………510万円
内装費……………100万円

合計 1,110万円

＋

建設費
人件費
宣伝費
資金の借入金

アウトレットモール

在庫処分やB級品で安くできるというのは本当か

◆在庫の消化率が早まり売り上げもアップ

日本国内には現在、35カ所以上のアウトレットモールがある。ここでは一流ブランド品が驚くような激安価格で手に入るわけだが、そのカラクリはどうなっているのだろうか。

英語で「出口」を意味するアウトレットだが、消費者からすると「B級品」のイメージはぬぐえない。アウトレットで売られている商品は製造過程で傷がついてしまったとか、メーカーの販売戦略からはずれてしまい、正規の販売店で販売できなくなったのではないかと考えている人も多いだろう。

ところが、最近は少々事情が変わってきている。じつは店頭に並ぶ商品のうちそういったB級品はわずか1割程度で、ほとんどの商品はシーズン中に売れ残ったデパートや販売店からの返品なのだ。

アウトレットの最大の魅力は「プロパー価格」（定価）の2～5割という安さにあり、メーカーとしては「在庫処分のビッグセールを専門に行う売り場」という位置づけになるのだ。実際、アウトレットモールに出店したアパレルメーカーでは在庫の消化率が早まったために結果として売り上げを伸ばしたという例も少なくない。

つまり、従来ならば正規ルートで売れ残った商品は最終的に廃棄処分されていたが、アウトレットを活用することで、メーカーは在庫をコントロールして無駄を省くことができる。さらに、売り上げも伸ばすこともできるのである。

アウトレットモールは、在庫を処分したいメーカーと、レジャー感覚で楽しみながらブランド品を安く手に入れたい消費者心理の両方を満たしているということだ。

2013年には都心からアクセスしやすく成田国際空港からも近い「酒々井プレミアム・アウトレット」がオープンし、2014年には「軽井沢・プリンスショッピングプラザ」が店舗数を2割増やして国内最大級のアウトレットモールにリニューアルしている。

今後は、国内にアウトレットの数が増えてきたことで、アウトレットモール間での生き残りをかけた競争の激化も予想されている。

百貨店

今どきの百貨店の知られざる「稼ぎ頭」とは?

◆高コスト体質なのは在庫リスクが少ないため?!

衣料品から雑貨、食品、化粧品とじつにさまざまな商品を取り扱うのがデパートだが、おおまかにいうとメーカーに売り場を提供してテナント収入を得る**「手数料契約」**と、メーカーから商品を仕入れて販売する**「商品販売契約」**の二本立てで運営している。

手数料契約の場合は、利幅は下がるが、人気のあるテナントが入れば集客が増えるし、テナント料は安定的な収入につながる。

商品販売契約の場合、その仕入れの方法には独自のものがあり、一般小売店などが採用しているやり方はあまり見られない。デパートでは、その多くが「委託仕入れ」か「消化仕入れ」となっているのである。

委託仕入れとは、デパートがメーカーから商品を一定期間委託されて販売する方法で、

● 全国の百貨店の商品別売上高（2014年12月）

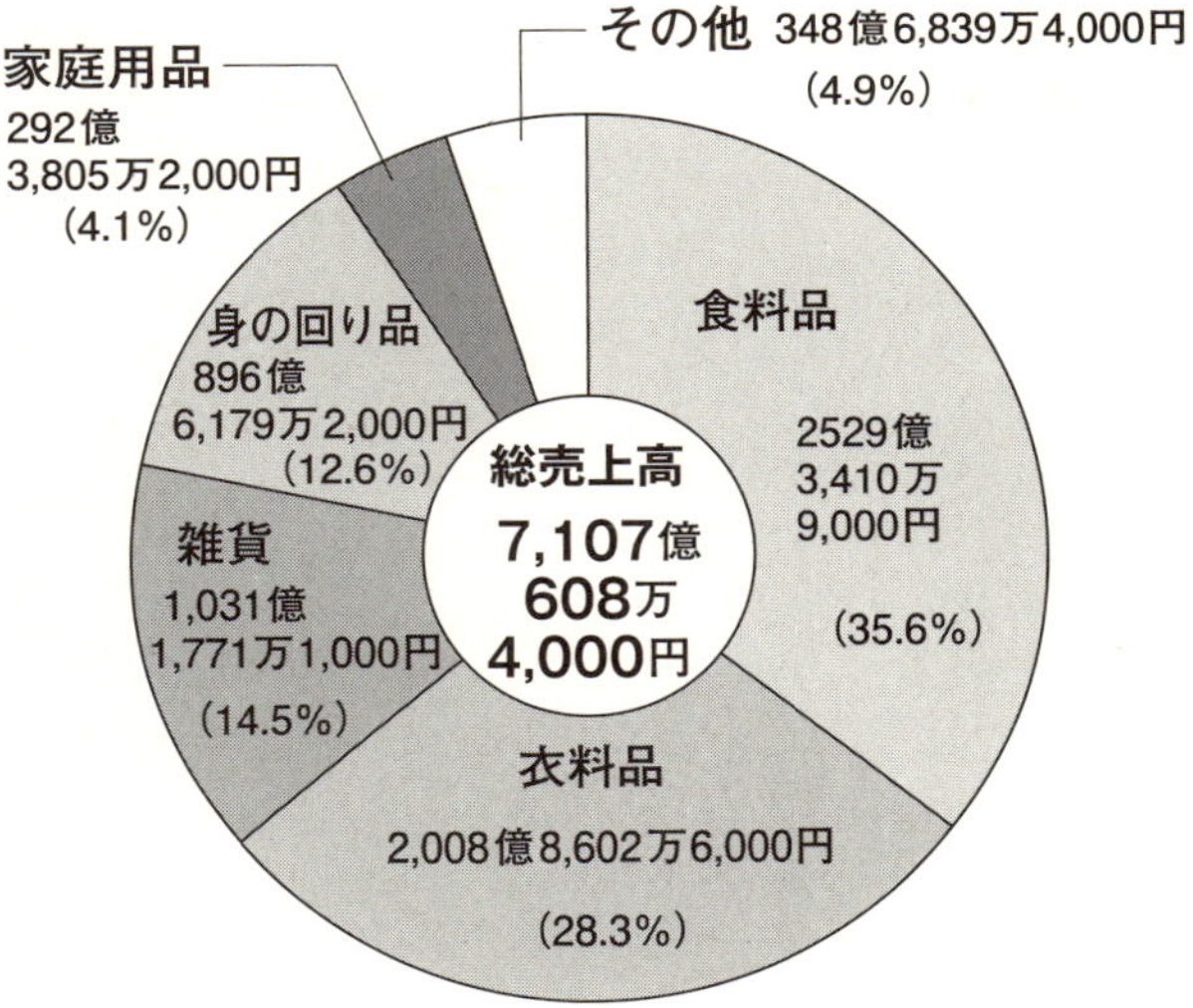

出典：日本百貨店協会プレスリリースより

全国の百貨店データ（2014年12月末）

- 店舗数……………240店
- 店舗面積………609万1,744m²
- 従業員数……………7万8,202人

出典：日本百貨店協会「百貨店売上高」

一方の消化仕入れは、商品が実際に売れた時点ではじめて仕入れたとする日本独特の〝商習慣〟でもある。

つまり、商品が売れるまではその所有権や保管責任はメーカー側にあるため、デパートは在庫を抱えなくてすむ。そのため、季節に合わせた売れ筋商品の入れ替えを頻繁にできるというメリットがある。

ただし、商品の販売価格決定権もメーカー側にある。メーカー側にしてみれば逆に在庫を抱えるリスクが発生するから、当然、そのリスクを納入価格に上乗せせざるを得なくなる。それが最終的にデパートの小売価格にはね返り、一般の小売店よりもデパートの商品は高いと感じる要因にもなっているのだ。

◆プライベートブランド商品で粗利改善へ

デパートの収益基盤は婦人服を中心とした衣料品である。たとえば、ある大手デパートの商品別粗利益率をみると、**衣料品が約31パーセント、雑貨・家庭用品などが26〜29パーセント、食料品が約21パーセント**となっている。

〝デパ地下〟といわれる食料品売り場は人気こそ高いが、採算性はそれほど高くない。集客のための意味合いも強いのである。このように下のフロアに客を呼び込み、衣料品などの売り場がある上のフロアへと誘導することを**「噴水効果」**という。反対に、北海道展など人気の催事を最上階で行い、下のフロアへと誘導することを**「シャワー効果」**という。

しかし、収益の要である衣料品は、インターネット通販やファストファッションの台頭、そのほかの商業施設に押されているのが実情で、自社で企画から販売までを行うプライベートブランド商品を開発するなどして粗利益の改善に乗り出しているのだ。

また、近年のデパート業界では、2012年には阪急梅田本店が増改装、翌年には伊勢丹新宿本店が改装し、その後いずれも集客が好調である。さらに、現在建て替え中で、2016～2017年に開業予定の松坂屋銀座店や、高島屋日本橋店の再開発計画などの予定も目白押しだ。

これは地方の店舗での売り上げが回復しないため、都心の旗艦店《きかんてん》での売り上げを強化するためでもある。巻き返しを図るためにも、各社は今後もさまざまな改革や改装などに力を入れていくことになる。

自動車

ハイブリッド車、電気自動車…の利益の仕組みとは?

◆部品点数は数万点で、約7割ともいわれる原価

自動車ディーラーでの新車販売フェアをCMや新聞の折り込みチラシで目にすることも多いだろう。

国内における新車販売は、自動車メーカーとその系列店であるディーラーが直結した販売ルートを中心に展開されている。海外の自動車メーカーも日本の自動車メーカーと販売提携を行い、同様のルートで販売を行うケースが多い。

ところで、自動車本体の価格には、人件費を含む製造費や開発費、販売促進費、メーカーやディーラーの利益などが含まれている。

また、自動車1台に使われる部品点数は3万点以上にもなるといわれるが、それらのすべてを自社だけではまかなうことはできず、多くの部品を下請けや専門メーカーなどから

●メーカー別新車販売台数(2014年)

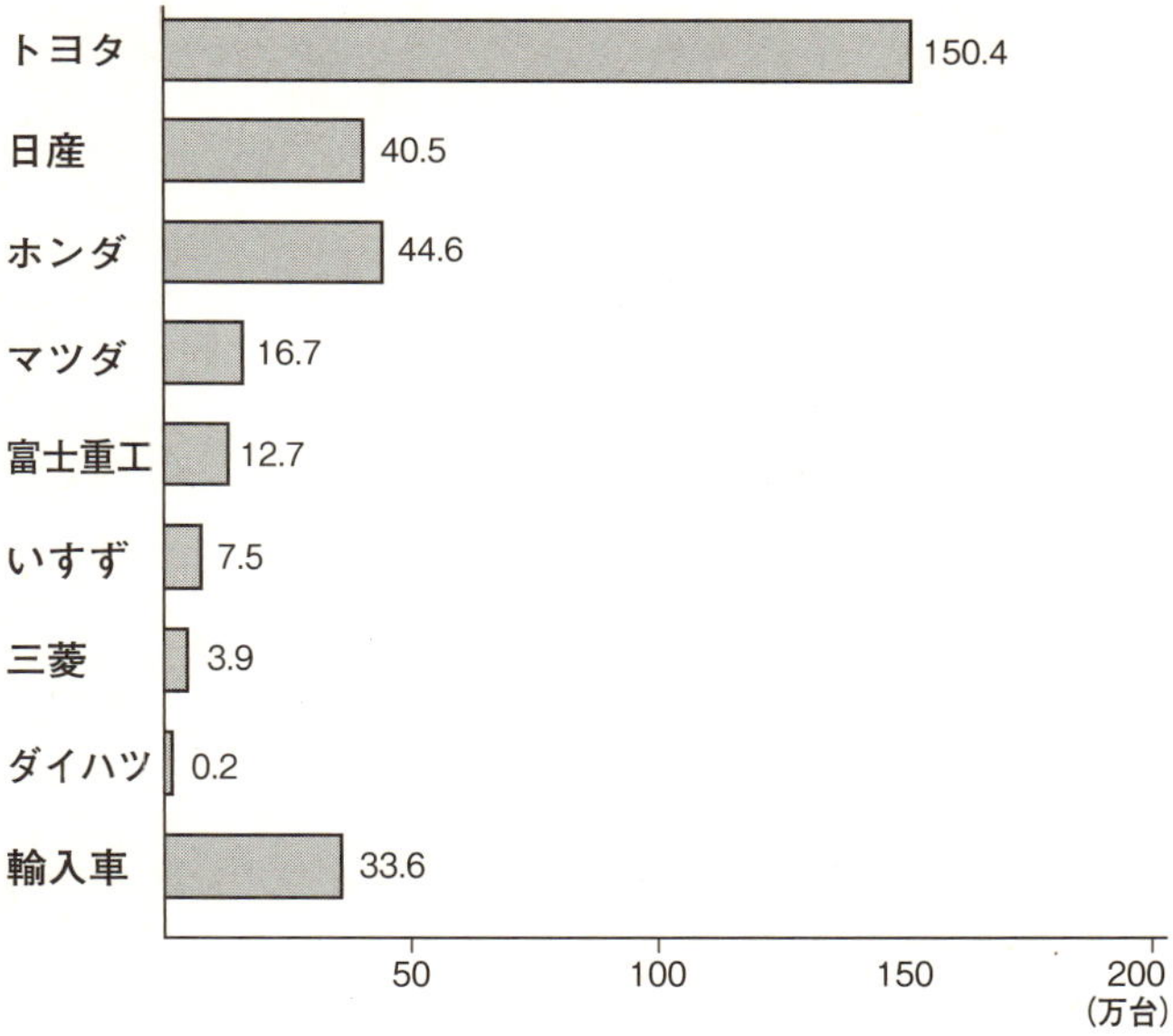

●乗用車販売台数におけるハイブリッド車のシェア(2013年上期)

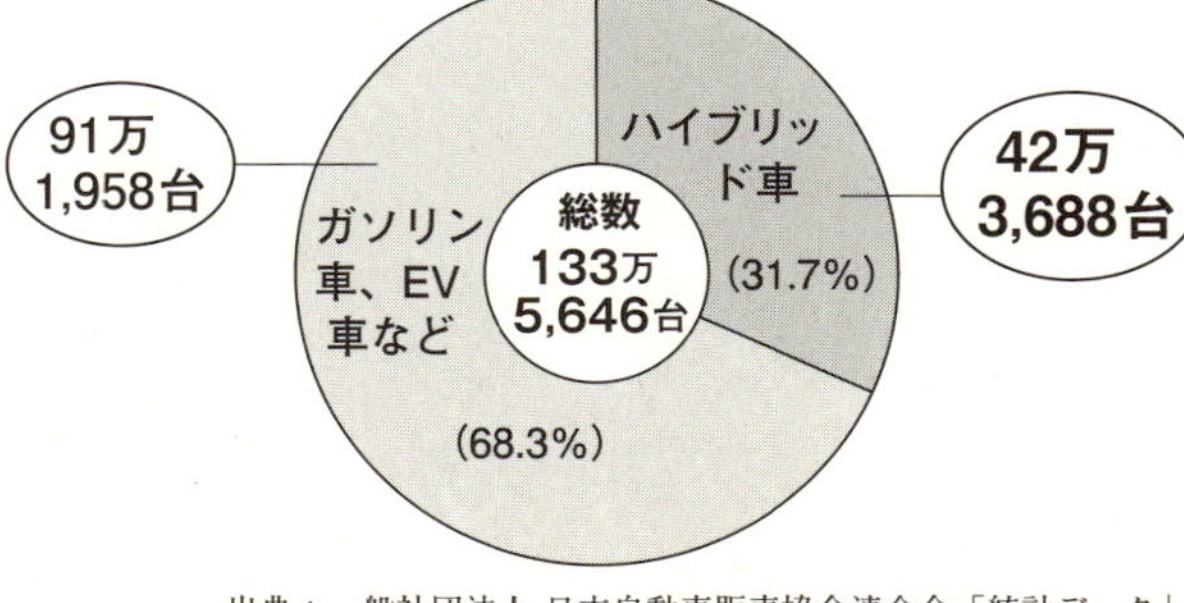

出典：一般社団法人 日本自動車販売協会連合会「統計データ」より

仕入れている。だからといって無謀なコストダウンもできないから、**売上原価は約7割といわれている**のだ。

そう考えると、ディーラーに新車を見に行った時に、営業担当者が「赤字覚悟でお値引きさせてもらいます！」というのもあながちウソではないということになる。

実際、ディーラーの平均的な収益構造をみると、売上高では新車販売が72億円、メンテナンスなどのサービスや部品が24億円なのに対し、売上総利益では新車販売が7億円で、サービスや部品が9億円になる。新車販売は利益率が低いため、ディーラーがメンテナンスや部品販売などで稼いでいる状況が窺えるのだ。

たとえば、チラシなどに載っている自動車の販売価格は、一番下のグレードのものが多い。最低限の機能しかついていないから、ホイールやカーナビやらの**別売オプションをつけていけば、あっという間に価格に20～30万円が上乗せされるという仕組みだ。**

◆人気のエコカーにかかる開発コストは膨大

2014年の日本国内の新車販売台数は、約556万台と3年連続で500万台を超えている。その売れ筋は軽自動車とハイブリッド車だ。

軽自動車は全体の4割を超えるほどの人気で、維持費が安く小回りが利くこともあって、地方を中心に需要が高い。車名別の新車販売ランキングでも、1位は軽自動車のダイハツ「タント」で、なんと10位までの7車種が軽自動車で占められている。

また、エコカー減税など政府による自動車業界への支援策もあって、燃費のいいハイブリッド車の人気も堅調だ。2位と4位はトヨタ自動車の「アクア」と「プリウス」で、3位もハイブリッド車が主体のホンダ「フィット」がつけている。

しばらくは軽自動車とハイブリッド車での競争が続きそうだが、ハイブリッド車は技術開発には膨大な資金が必要といわれるなどの問題点も残る。

また、電気自動車は充電インフラの少なさなどもあって、市場は停滞気味だ。「第3のエコカー」といわれる燃料電池車に注目が集まってはいるが、こちらもインフラや膨大な開発コストなど、問題は山積している。

インフラ整備や、開発コストなどを含めた原価をどこまで抑えられるかが、これから普及するかどうかの焦点になりそうだ。

ホテル・旅館

東京の客室単価はじつは割安だった!?

◆利益率が高いのは宿泊部門

外国人旅行者の増加や国内観光が順調なこともあり、日本国内の宿泊施設はビジネスホテルや外資系の高級ホテルを中心に高い稼働率を維持している。

ホテルの収益構造はそれぞれに異なるが、日本のホテルは婚礼などの宴会部門やレストラン部門が収入の柱で、それぞれのホテルが特徴を活かした集客を行っている。

一方、来日する海外のＶＩＰの利用も多い「ザ・リッツ・カールトン東京」や、世界的なホテルチェーンであるマンダリンオリエンタルグループの「マンダリンオリエンタル東京」などの高級外資系ホテルの例をみると、宿泊部門での収入が多くを占めている。

その外資系のホテルの稼働率が高いのは、外国人を意識した広い客室や、スパやジムといった設備も整っていることに加え、会員組織があるために世界各国から客を集めること

● ホテルの収益構造と原価（例）

	宿泊	レストラン	宴会	その他
収入	4億5,500万円（35.0%）	3億3,800万円（26.0%）	5億円（38.5%）	7,000万円（0.5%）

＝合計13億円

－

	宿泊	レストラン	宴会	その他
売上原価	2,500万円	7,800万円	1億1,160万円	0円
人件費	2億3,300万円	1億6,000万円	2億9,000万円	2,000万円

＋

施設運営費　光熱費　管理費

＝

利益

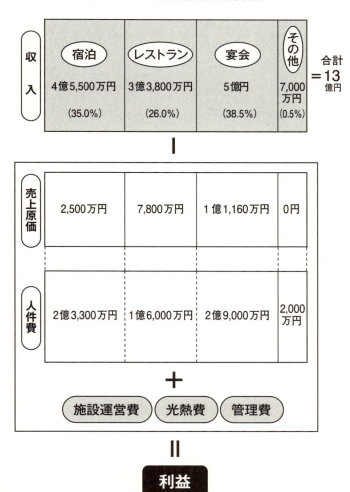

ができるからだ。

ちなみに、シティホテルの**各部門別の利益率は、宿泊部門は約50パーセントと高く、宴会部門は約30パーセントになる。**

ホテルではシーツや毛布といった備品をリースにしているところも多く、客室に予約があってもなくてもある程度のリース代や光熱費、人件費もかかってくる。そのため、宿泊部門に力を入れて、客室の稼働率を高めていくことがホテルの経営にとっては重要なのだ。しかも、東京の客室単価は世界の主要都市に比べれば割安だといわれており、客室単価の見直しの余地もまだ残されているわけだ。

２０１４年には「ザ・リッツ・カールトン京都」とハイアットグループの「アンダース東京」が開業。今後はシンガポールのアマンリゾーツの「アマン東京」や星野リゾートの「星のや東京」、「プリンスホテル赤坂」などが開業予定で、「ホテルオークラ東京」も本館を建て替えてリニューアルオープンする予定がある。

世界の主要都市の中では、これでもまだ高級ホテルが少ないといわれる日本。外資系ホテルの進出や、老舗ホテルの新設などがしばらくは続きそうだ。

不動産仲介料

売買、賃貸…手数料の目安はどのくらい？

◆なんと一定期間は家賃無料の物件も！

住宅を売買したり賃貸借を仲介することで、手数料を得るのが不動産仲介会社である。その収益の柱となる手数料だが、**一般的に売買不動産の場合の仲介手数料は、売買価格×3パーセント＋6万円＋消費税となる。**

住宅ローン減税などの支援策の後押しもあり、売買仲介は堅調な動きを見せていて、たとえば「三井のリハウス」を全国で展開する業界トップの三井不動産リアルティは、4万件近い仲介件数を取り扱って、手数料収入は約660億円になっている。

一方、賃貸不動産の場合の仲介手数料は、賃貸料の1カ月分＋消費税となっている。日本全国の普通世帯5230万世帯のうち、賃貸住宅に住んでいる世帯は2013年で1844万世帯もいる。つまり、約35パーセントは貸家を利用しているのだから、それだけ賃貸仲介のニーズもあるということだ。

たとえば、賃貸仲介で業界トップの「アパマンショップ」や、2位の「センチュリー21」、3位の「エイブル」などは、直営店のほかにも積極的にフランチャイズを広げて仲介件数を伸ばしている。また、「ホームメイト」を展開する東建コーポレーションや、「いい部屋ネット」を展開する大東建託は、自社が建築した賃貸住宅をオーナーから借り上げ、賃貸物件として取り扱っている。

しかし、少子高齢化で世帯数が減少していくにもかかわらず、賃貸住宅の供給は増えていることから空き家率も上がっている。

特に、マンションやアパートなどで空き室が目立つ地方では、入居後の一定期間の家賃を無料にする「フリーレント」で、空き室を早く埋めようとする動きも多い。これは空き室を埋めたくても、1カ月の賃料はできるだけ下げたくないという苦肉の策なのだ。

こうした状況から、長期的に見れば市場は縮小していくと考えられ、今後はブロードバンドや浴室乾燥機といった設備の充実など、各社が仲介物件にどれだけ魅力を持たせることができるかが競争を勝ち抜いていくカギになりそうだ。

保育園

補助金で9割まかなっているその「台所事情」とは？

◆認可外保育所は人件費を払うだけで精一杯の厳しい経営

認可保育所に入りたくても入れない「待機児童」の数は全国で2万人を超えている。認可保育所とは、保育士の数や施設の大きさなど国が定めた厳しい基準を満たして、自治体から認可を受けた保育所のことだ。

そもそも認可保育所は児童福祉施設であり、社会福祉法人が運営していることが多い。自治体が事実上、企業の参入を阻んできたのだが、2000年には規制緩和により民間の企業の参入が解禁されている。

そこで、この認可保育所の収益構造をみると、**「運営費」という国庫負担の補助金が収入のなんと9割以上を占めている**。しかも、その収入に対して保育士の給与などの人件費は約7割にもなるのだ。収益性はけっして高いとはいえないのである。

また、それにもかかわらず、厚生労働省が発表している保育士の平均的な年収は約323万円で、看護師が約474万円なのに比べると圧倒的に低い。ここに、保育士不足が深刻化している理由のひとつが窺える。

一方、児童福祉施設には該当しない認可外保育所も自治体の監査を受けて基準に沿った運営をしている。

認可外保育所は、認可保育所と違って国の補助金がないために収入の9割は保育料になる。そのほかの収入は給食収入や備品代などだが、その中で人件費が占める割合は6割〜10割と高い。人件費を払うだけで精一杯という厳しい経営状態の認可外保育所も多いのだ。そのうえ補助金が出ないことで、保育料にも差が出る。たとえば、認可保育所では月々2万円なのに、認可外保育所では月々5万円と割高になったりする。

そこで保育サービス業界に新規参入したのはいいが、園児が集まらないため経営が成り立たず、廃園に追い込まれるというケースも少なくないのだ。

こうした状況を踏まえて、政府は待機児童ゼロに向けて、今後は小規模保育所や企業内保育所といった認可外の保育所にも公費補助の対象を広げていく考えだ。

英会話スクール

人件費と広告費がのしかかるといわれる理由

◆格安オンライン英会話が急速に台頭

２０２０年の東京五輪開催や大手企業の社内での英語の公用語化の動きなどもあって、再び英会話スクールのニーズが高まっている。語学ビジネス市場の規模も２０１４年時点で８２００億円以上にもなっている。

しかし、そうはいっても、英会話をいざ習い始めようとすると、まとまった金額が必要になって躊躇する人も多い。

一般的には2～4万円程度の入学金が必要で、レッスン料も40～60分で３０００～８０００円が相場になっている。このほかに教材費などが加わり、年間での出費は数十万にもなる。そして、この**入学金と授業料が、英会話スクールの主な収入源**ということになる。

レッスン料は月謝制のところもあるが、入学時に回数券式のチケットを一括して購入すると割安になるというシステムを採用しているところも多い。この時点で「そんなに高いなら…」と入学をあきらめる人もいるだろうが、スクール側にすると、最初に一括で支払わせておいたほうが、生徒に途中で辞められる可能性が低くなる。大切な収入源をみすみす逃さないための経営戦略の一環なのである。

一方、かかる経費は講師やスタッフの人件費が大きなウエートを占める。また、広告宣伝費の占める割合も大きい。知名度をあげることはそのまま生徒の獲得につながるため、むやみに削減するのが難しいのだ。

そんななか、英会話スクール業界で台頭してきたのが、格安で英会話を教えてくれるオンライン英会話だ。自宅にいながらパソコンで外国人講師と個人レッスンができるが、入会金は無料で、教材費も無料というところが多い。レッスン料は25分～30分で100～300円程度が相場と、何ともお得で急速に利用者が増えているのだ。

深夜や早朝でもレッスンできる業者が多いため多忙な人でも利用しやすく、旧来の英会話スクールの高額なレッスン料に腰が引けていた人にも敷居が低いのだ。今後は、オンライン市場も含めた生徒の獲得合戦がますます白熱することになるだろう。

エステ
〝無料体験〟でその気にさせる意外な仕組み

◆資金が少なくても開業できる個人サロンが6割

脱毛や美顔、痩身などの施術を行う国内のエステティックサロンの市場規模は約3500億円で、「美」を探究する女性はもちろん、男性客も少なくない。

エステ業界では独立がしやすく、その6割は個人サロンだといわれている。たとえば、従業員を雇わず自宅の一部を改装するのであれば、備品や広告費を考えても40万円ぐらいから開業することができる。**1人のお客を70分8000円で施術するとしても、普通のアルバイトの自給よりも格段に効率がいい**仕事というわけだ。

一方で、残り4割は法人が経営するサロンになるが、大手サロンはエステティシャンへの人件費がかかるのはもちろん、モデルや芸能人を使った宣伝広告費や、高級感あふれる内装、美容機器類も独自で開発するものを含めて最新鋭のものを揃えるなど、設備投資も高額になる。その分、施術料金は割高にならざるを得ないのだ。

そのため、かつては「無料体験」としてお客を集めて美顔や痩身の施術をしたあとに、長期にわたる高額な契約を一括して結ばせようとしつこい勧誘をしかけるサロンも少なくなかった。これは「前受け金制度」と呼ばれるもので、消費者はクレジットや分割払いの利用を勧められて、なかば強引に契約を結ばされるのだ。

とはいえ、エステ業界への苦情が相次いだことで2009年には規制され、1カ月を超えて5万円を超える契約はいつでも解約に応じることが定められた。

また、近年、好調なのが低価格の脱毛専門店である。日本では脱毛に対する女性の美意識が高く、脱毛市場は1500億円~2000億円規模にもなる。そのために脱毛専門店への新規参入も相次いでいるのだが、それに伴って価格競争も激化している。

脱毛の機器さえあれば資格のない素人でも開業できてしまうので、なかには激安価格で全身脱毛サービスを契約させておいて計画倒産するケースすらあるという。全身脱毛には2~3年と長い期間がかかるため、消費者も信頼できるサロンなのかどうかをしっかり見極める必要があるのだ。

おさえておきたい「モノの原価」さくいん

●参考文献
『会社四季報 業界地図 2014年版、2015年版』（東洋経済新報社）、『日経業界地図 2015年版』（日本経済新聞社）、『人材派遣のことならこの1冊』（岡田良則／自由国民社）、『図解入門業界研究 最新家電量販業界の動向とカラクリがよ～くわかる本』（得平司／秀和システム）、『これでわかった!!値段のカラクリ』（金子哲雄／集英社）、『図解入門業界研究 最新保育サービス業界の動向とカラクリがよ～くわかる本』（磯村幸一郎／秀和システム）、『図解入門業界研究 最新不動産業界の動向とカラクリがよ～くわかる本』（大嶽広展／秀和システム）、『映画館の入場料金は、なぜ1800円なのか？』（斉藤守彦／ダイヤモンド社）、『図解入門業界研究 最新美容業界の動向とカラクリがよ～くわかる本［第2版］』（荒原文／秀和システム）、『知らないとソンする！ 価格と儲けのカラクリ』（神樹兵輔・21世紀ビジョンの会／高橋書店）、『図解入門業界研究 最新教育ビジネスの動向とカラクリがよ～くわかる本』（川上清市／秀和システム）、『おみくじの原価は1円！ 時代を超えて生き残るビジネス』（金子哲雄／宝島社）、朝日新聞、読売新聞、日本経済新聞、産経新聞、東京新聞、食品産業新聞、夕刊フジほか

●参考HP
経済産業省、厚生労働省、国土交通省、農林水産省、総務省、内閣府、ニューズウィーク日本版、プレジデントオンライン、日刊SPA!、ロイター、JR西日本、東京電力、住友生命、日本生命、明治安田生命、第一生命、イオン、（社）日本ペットフード協会、アニコムホールディングス、（社）日本映画製作者連盟、（社）日本全身脱毛協会、オンライン英会話ガイド、（社）日本新聞協会、（社）日本冷凍食品協会、（社）日本クレジット協会、（社）日本たばこ協会、（社）日本金地金流通協会、（社）日本自動車販売協会連合会、（社）人材派遣協会、（財）日本消費者協会、日本LPガス協会、日本百貨店協会、（独）農畜産業振興機構、ハーバービジネスオンライン、ライブドアニュース、Yahoo! ニュース、Business Journal、Maker News、Bloomberg.co.jp、All about、ファイル・ウェブ、WWFジャパン、FAO（国際連合食糧農業機関）、全国清涼飲料工業会、日本ミネラルウォーター協会、（財）エルピーガス振興センター、プロパンガス料金消費者協会、プロパンガス料金適正化協会、全国銀行協会、近畿大学水産研究所、JT「たばこワールド」、AB-ROAD、トムソン・ロイター GEMS「Gold Survey 2014」、世界経済のネタ帳、資産ナビ・ドットコム、住まいと保険と資産管理ほか

〈本書は『図解版 経済のカラクリがひと目でわかる！「モノの原価」の秘密』（小社／2008年）、『「原価」と「流通」のカラクリがまるごとわかる！』（同／2010年）をもとに、新たな情報を加え、再編集したものです。〉